EL ARTE DE LA GUERRA Y EL MAPA ESTRATEGICO DE COMBATE

UNA GUIA PRÁCTICA PARA LA APLICACION DEL SUN TZU

Alejandro Rosa

Título original: El Arte de la Guerra y El Mapa Estratégico de Combate

Primera Edición: 2009

© Alejandro Rosa

ISBN: 9781688101661

A ti Alejandro,

Creativo, genial y brillante hijo, amigo, mi inspiración...

PROLOGO

Si alguna vez leíste el Sun Tzu, este libro te resultará muy útil; y si aún no había sido parte de tu colección cognoscitiva te resultará doblemente útil.

Sun Tzu fue un general chino que vivió alrededor del siglo V antes de Cristo. La colección de ensayos sobre el arte de la guerra atribuida a Sun Tzu es el tratado más antiguo que se conoce sobre el tema.

A pesar de su antigüedad los consejos de Sun Tzu siguen manteniendo vigencia y sirven de guía e inspiración a todos aquellos directores de las grandes corporaciones y líderes para planificar y combatir, de acuerdo a los escenarios de sus retos sobre cómo avanzar de su posición actual en la dirección que lo deseen a través de estrategias de combate que activan nuestra imaginación, ingenio, liderazgo y astucia.

Si, así de claro como te lo estoy presentando, son fórmulas estratégicas de combate que funcionan en los negocios y resumen las estrategias de combate básicas que debes aprender a manejar para apuntarte al éxito, solamente depende de tu enorme deseo de hacerlo.

Hay muchos conferencistas de estrategia que seguramente tomarán este libro como parte vital de sus entrenamientos, por la facilidad que brinda en cuanto a la aplicación de las mismas.

El Arte de la Guerra es el mejor libro de estrategia de todos los tiempos. Inspiró a Napoleón, Maquiavelo, Mao Tse Tung, muchas figuras históricas incluso contemporáneas y por qué no decirlo actuales, donde en este ciclo de tiempo estás en este momento adentrándote tú.

La herramienta que tienes en tus manos corresponde al documento íntegro del Sun Tzu en 2 presentaciones, la primera consiste en la herramienta que he diseñado para que te adentres y utilices exitosamente sus conceptos, y la segunda el texto de los ensayos tal como fueron escritos.

La razón de haber hecho este regalo para ti, consiste en que para poder entender el libro en la primera lectura no resulta tan fácil, y deseo que lo sea para ti y para todos los líderes apasionados en el tema, en un mundo que nos demanda ser más eficientes y efectivos.

Ya debes haberte dado cuenta del archivo que está como adjunto en del libro, el mismo contiene un archivo Excel que te servirá para complementar tu estrategia, se trata de un mapa de combate, un mapa para ver tu posición y la de tu oponente, de manera que planifiques tu ataque utilizando tus habilidades en la Guerra, es un material abierto sin protección para que lo modifiques cuanto quieras.

Este libro de Sun Tzu aproximadamente de dos mil quinientos años de antigüedad, es uno de los más importantes textos clásicos chinos, en el que, a pesar del tiempo transcurrido, ninguna de sus recomendaciones ha quedado anticuada, ni hay un solo consejo que hoy no sea útil.

Pero la obra del general Sun Tzu no es únicamente un libro de práctica militar, sino un tratado que enseña la estrategia suprema de aplicar con sabiduría el conocimiento de la naturaleza humana en diferentes momentos de confrontación.

No es, completamente, un libro sobre la guerra; es una obra para comprender las raíces de un conflicto y buscar una solución, identificar tus oportunidades en los negocios y emprender la conquista del mercado. "La mejor victoria es vencer sin combatir", nos dice Sun Tzu, "y ésa es la distinción entre el hombre prudente y el ignorante".

La obra de Sun Tzu llegó por primera vez a Europa en el periodo anterior a la Revolución Francesa, en forma de una breve traducción realizada por el sacerdote jesuita J. J. M. Amiot. En las diversas traducciones que se han hecho desde entonces, se nombra ocasionalmente al autor como Sun Wu o Sun Tzi.

El núcleo de la filosofía de Sun Tzu sobre la guerra descansa en estos dos principios: Todo el Arte de la Guerra se basa en el engaño. El supremo Arte de la Guerra es someter al enemigo sin luchar.

Las ideas de Sun Tzu se extendieron por el resto de Asia hasta llegar a Japón. Los japoneses adoptaron rápidamente estas enseñanzas.

Hay evidencias de que el principal libro japonés sobre el tema, "El libro de los Cinco Anillos", está influido por la filosofía de Sun Tzu, ya que su autor, Miyamoto Mushashi, estudió el tratado de "El Arte de la Guerra" durante su formación como Samurai.

Habitualmente se hace referencia a las culturas orientales como culturas de estrategia y no es pequeña la influencia de Sun Tzu en este desarrollo cultural. Hoy en día, la filosofía del arte de la guerra ha ido más allá de los límites estrictamente militares, aplicándose a los negocios, los deportes, la diplomacia, conflictos legales e incluso el comportamiento personal. Por ejemplo, muchas frases clave de los textos modernos de gestión de empresas, son prácticamente citas literales de la obra de Sun Tzu (cambiando, por ejemplo, ejército por empresa, o armamento por recursos, sin ir más lejos). Las ideas siguen siendo completamente válidas a pesar de los 25 siglos transcurridos desde que se escribieron.

El Arte de la Guerra de Sun Tzu constituye un caso único en la historia de la literatura universal, diferentes generaciones han ido descubriendo el texto y otorgándole distintas interpretaciones. La grandeza del libro estriba en que aglutina en trece capítulos una inagotable fuente de distintas visiones para casi cualquier ámbito de la vida. Atrévete a no ver con carácter literal las frases en el libro, atrévete a ver más allá de lo que la razón intuye.

Adéntrate en esta experiencia de Sun Tzu, utiliza tu conocimiento y verás donde cada uno de los recursos que tienes actualmente quedan insertados en el mapa de combate; tus estudios de mercado, tus técnicas de ventas, tus iniciativas entre departamentos, la utilización de cada recurso es básico para alinear tu avance de posición y someter a tu competidor, bienvenido al mundo de la estrategia de Sun Tzu.

UTILIZANDO EL MAPA ESTRATEGICO

Como mencioné anteriormente en el prólogo, esta herramienta de Sun Tzu es tan versátil que puedes utilizarla de diferentes formas, por ejemplo, si quieres utilizar el texto íntegro de Sun Tzu, puedes relacionar cada capítulo como te lo presento a continuación:

Capitulo	Títulos	Otras traducciones *	Preceptos Principales
1	Evaluación/Cálculos	Planificación	Analizar el Conflicto, planeación de estrategias y liderazgo.
2	Desafíos/Inicio de Acciones	Estimando la Batalla	Estimar Costos, Recursos y acciones competitivas.
3	Plan de Ataque/Proposición de Victoria y Derrota	Estrategia	Desarrollar estrategia libre de errores. Sabiduría y Competencia estratégica.
4	Posicionamiento / Disposición de Medios	Disposición	Posicionarte a ti mismo hacia el triunfo. Estimación de Fortalezas y Debilidades.
5	Dirección / Fuerza	Firmeza	Posicionar a la derrota a tu oponente. Tiempos y estructura de

			Gerenciamiento.
6	Ilusión y Realidad / Sobre lo lleno y lo vacío.	Oportunidades	Camuflaje, Control de Situaciones de Mercado y Clima.
7	Utilización de la fuerza/Enfrentamiento directo e indirecto	Maniobras	Maniobrando para obtener ventaja. Administración de conflictos y evitar confrontaciones.
8	Las nueve variaciones o cambios	Variaciones	Espontaneidad en el campo. Flexibilidad y Adaptabilidad.
9	Moviendo las fuerzas / Distribución de Medios	Marcha	Confrontación en el campo. Observar y Maniobrar.
10	Posición situacional / Topología	Terreno	Posición durante la confrontación. Situaciones Competitivas y causas de fallas,
11	Las nueve situaciones / Nueve Clases de terreno	Campo de batalla	Movilización durante confrontación. Ofensiva Estratégica. Alianzas y visión
12	La furia del ataque / Arte de Atacar por el fuego.	Incendiarismo	La confianza decisiva. Decisiones.
13	Uso de la inteligencia / Concordia y Discordia	Espionaje	Información de ventaja. Inteligencia e información

* Low y Yeo (1992)

En los capítulos de Sun Tzu encontrarás diferentes tipos de aplicaciones, y tu propio deseo de trabajar con esta estrategia te irá descubriendo un universo de posibilidades para el éxito, antes de adentrarnos en las delicias de la estrategia, necesitamos ampliar nuestra imaginación para poder dirigir el conocimiento a cada uno de los escenarios posibles.

Ahora quiero presentarte tu nueva herramienta estratégica, es una adaptación de todas las conferencias y libros que he estudiado sobre Sun Tzu sintetizadas en un solo concepto, la he llamado:

"Mapa Estratégico de Combate" MEC.

Este diagrama lo encontrarás adjunto en el libro, para que lo hagas tuyo y realices tus propios análisis a través del MEC. Este es un libro de ACCIÓN y APRENDIZAJE, COMIENZA YA!!

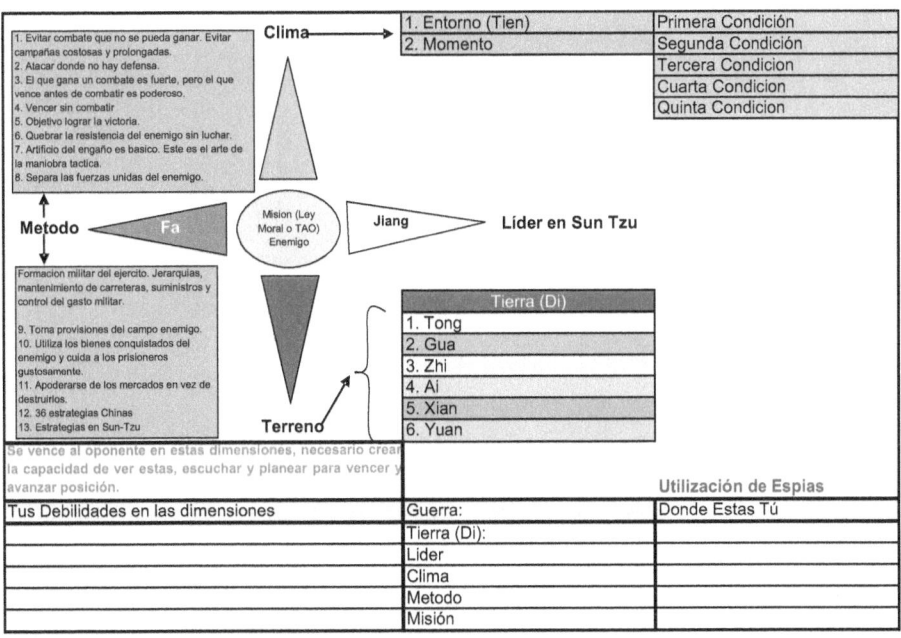

https://drive.google.com/file/d/1dWwF1BQM8V1U1e3Uo-BA6RBbqiHRYrGE/view?usp=sharing   (Descarga   el documento aquí o adquiere la versión Kindle)

La teoría de Sun Tzu nos llama a analizar 5 factores esenciales representados en este diagrama:

- La Misión (TAO)
- Terreno (Di)
- Clima
- Método

Las divisiones de colores en este libro corresponden a cada una de las dimensiones de análisis las cuales a medida las utilices mejorarán tu intuición en su uso y descubrirás cuan ventajoso puede ser esta herramienta. Si la realizas en equipos con tus líderes puede ser una sesión fenomenal.

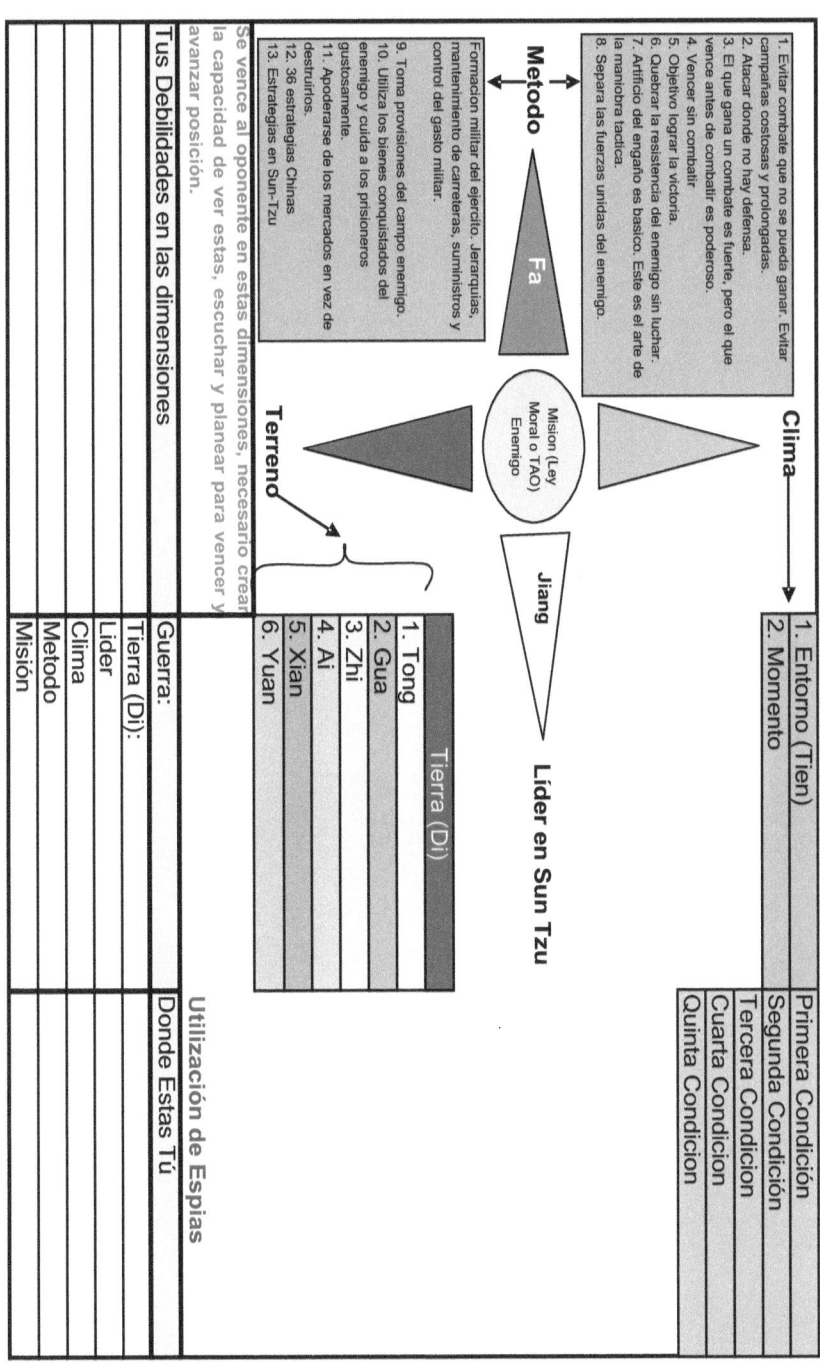

MISION o LEY MORAL (TAO)

La primera consideración consiste en la misión. Cuan bien administrada está la misión en tu ejército, tu compañía, tu departamento, tu producto y cómo estás afrontando las situaciones.

Es un recorrido de autoanálisis sobre tus fuerzas y debilidades en el alineamiento de equipo y si verdaderamente cuentas con una estrategia. Guíate a través de las páginas azules para definir el sentido de tu propia misión.

El enemigo o competidor no necesariamente es alguien del exterior, el enemigo puede ser nuestro propio producto o finalidad, debemos plantear bien contra quién nos vamos a enfrentar y de que se trata nuestra batalla antes de comenzar. Batalla no necesariamente significa confrontación, batalla debe entenderse como el camino hacia el éxito, para lo cual generamos nuestra estrategia.

Utiliza el MEC para cargar tu información con base en tu análisis y tu competidor en hojas separadas.

TERRENO (DI)

Cuando analizas el terreno, sitúate en lo que llamamos mercado, posición, lugar, horarios de acción, lugares de acción, distancias grandes o pequeñas en relación a tu competencia, ¿quién es más eficiente?, y quién lo está haciendo mejor. Quien está arriba o abajo, en medio o a los lados. Que estilos está utilizando tu competidor y cómo trabajas tú en relación a su estrategia, debes estar claro de tu propia misión. Utiliza datos, mide, compara, y sobre todo observa.

En esta etapa definirás si eres fuerte o débil en relación a la competencia y a través de esta evaluación definirás las opciones de ataque o defensa que debes aplicar basado en el liderazgo, utiliza el razonamiento estratégico y decide tu paso.

Guíate a través de las páginas cafés para determinar tu posición en el terreno.

Si te sitúas en el diagrama verás que hay 6 clases de terreno, estos son terrenos de combate y cómo te sitúas en él.

Utiliza el MEC para cargar tu información con base en tu análisis y tu competidor en hojas separadas.

LIDER EN SUN TZU

Una vez que has determinado el terreno en que te encuentras, es necesario fortalecer tu desición en los conceptos generales de liderazgo en Sun Tzu, necesitas conocer la base estratégica para saber cuándo atacar y cuándo no.

Dice Sun Tzu: **"Si conoces a los demás y te conoces a ti mismo, ni en cien batallas correrás peligro; si no conoces a los demás, pero te conoces a ti mismo, perderás una batalla y ganarás otra; si no conoces a los demás ni te conoces a ti mismo, correrás peligro en cada batalla."**

Una buena comprensión y valoración de los consejos para el **líder en Sun Tzu**, puedes encontrarlos en las páginas **amarillas** de este libro. No avances si no has comprendido la filosofía del LIDER en estrategia, medita sobre cada paso y cuando debes avanzar.

Analiza el clima y define tu estrategia para que ejerzas un liderazgo eficaz en la misma, no avances de posición hasta conocer completamente estas cuatro dimensiones: Misión, Terreno, Clima y Estrategia.

Utiliza el MEC para cargar tu información con base en tu análisis y tu competidor en hojas separadas.

CLIMA

Para poder analizar el clima, pregúntate para ti y para tu competidor en qué momento se está presentando estas batallas y hasta donde, piensa en posición, horario, estaciones, fechas especiales y no especiales, cielo, noche y día, frío y calor, velocidades, eficiencias, rentabilidad, previsión de riesgos y aseguramiento de recursos por ejemplo en los negocios:

Cadenas de abastecimiento
Momentos de Marketing
En toda pequeña oportunidad que al final suma la gran rentabilidad.

Diseño de estrategia rápida de posicionamiento en todo momento.

Nuevos canales de comunicación de la información, Internet, medios de comunicación normales y no normales.

Conoce y analiza estos elementos, descúbrelos y utiliza el MEC para orientar como se mueve, analiza el **clima** en las páginas **verdes** y analiza las 5 condiciones de la victoria que dependen del momento de la batalla, asegúrate el éxito alcanzando la mayoría de estas con bases estratégicas sólidas.

Utiliza el MEC para cargar tu información con base en tu análisis y tu competidor en hojas separadas.

METODO

Combate con los métodos de Sun Tzu, aprende las maniobras de batalla y calibra tus recursos, el dominio de esta sección te fortalecerá en las decisiones y definirá el éxito.

Utiliza tus recursos para ganar batallas, precios, volumen, imagen, comunicación, marketing, desde donde atacas, con quienes atacas, que ejércitos utilizas, cómo los diriges, vence a tu competencia.

Aprende a utilizar estas estrategias e identifica las de tu competencia para que sepas como combatir, guíate con las páginas rojas para definir los métodos.

Utiliza el MEC para cargar tu información con base en tu análisis y tu competidor en hojas separadas.

Para una buena utilización de esta herramienta analiza tu posición y la de tu competencia actualmente y analiza las debilidades de cada uno. Estoy seguro que vas a disfrutar enérgicamente cada párrafo, y cada victoria en la medida que te apasiones y dirijas tu atención hacia el éxito.

Crea tu propia estrategia, revisa cada paso de la estrategia y recuerda que la estrategia es un plan dirigido a alcanzar una posición, es un proceso sistemático para alcanzar metas y lograr éxitos.

Te recomiendo que busques una referencia de las 36 estrategias chinas para complementar los métodos de Sun Tzu.

Existen muchas historias de éxitos y fracasos con grandes y pequeñas compañías muy cerca de ti, y algunas alejadas de tu país, mientras más te adentres en esta estrategia, visualizarás cómo y por qué están conquistando al mercado y deleitando a sus clientes.

¡Te deseo victoriosas batallas! y mucho aprendizaje en tu viaje estratégico.

SUN TZU

MISION (TAO) LEY MORAL

El núcleo de la filosofía de Sun Tzu sobre la guerra descansa en estos dos principios: **Todo el Arte de la Guerra se basa en el engaño. El supremo Arte de la Guerra es someter al enemigo sin luchar.** No reflexionar seriamente sobre todo lo que le concierne es dar prueba de una culpable indiferencia en lo que respecta a la conservación o pérdida de lo que nos es más querido; y ello no debe ocurrir entre nosotros.

Hay que valorarla en términos de cinco factores fundamentales, y hacer comparaciones entre diversas condiciones de los bandos rivales, con vistas a determinar el resultado de la guerra. El primero de estos factores es la Ley Moral (TAO); el segundo, el clima; el tercero, el terreno; el cuarto, el líder; y el quinto, El Método.

La **Ley Moral** significa aquello que hace que el pueblo esté en armonía con su gobernante, de modo que le siga donde sea, sin temer por sus vidas ni a correr cualquier peligro.

El **Clima** significa el Ying y el Yang, la noche y el día, el frío y el calor, días despejados o lluviosos, y el cambio de las estaciones.

El **terreno** implica las distancias, y hace referencia a dónde es fácil o difícil desplazarse, y si es campo abierto o lugares estrechos, y esto influencia las posibilidades de supervivencia.

El **líder** ha de tener como cualidades: sabiduría, sinceridad, benevolencia, coraje y disciplina.

Por último, el **método** ha de ser comprendido como la organización del ejército, las graduaciones y rangos entre los oficiales, la regulación de las rutas de suministros, y la provisión de material militar al ejército.

Estos cinco factores fundamentales han de ser conocidos por cada general. Aquel que los domina, vence; aquel que no, sale derrotado. Por lo tanto, al trazar los planes, han de compararse los siguientes siete factores, valorando cada uno con el mayor cuidado:

1.- ¿Qué dirigente es más sabio y capaz?

Tu éxito puede depender de tu deseo enorme de hacerlo.

2.- ¿Qué comandante posee el mayor talento?

Conocer bien la Posición (Utilizar Métodos Directos e Indirectos para avanzar en tu posición)

Prever la victoria cuando cualquiera la puede conocer no constituye verdadera destreza. Todo el mundo elogia la victoria ganada en batalla, pero esa victoria no es realmente tan buena.

Todo el mundo elogia la victoria en la batalla, pero lo verdaderamente deseable es poder ver el mundo de lo sutil y darte cuenta del mundo de lo oculto, hasta el punto de ser capaz de alcanzar la victoria donde no existe forma.

No se requiere mucha fuerza para levantar un cabello, no es necesario tener una vista aguda para ver el sol y la luna, ni se necesita tener mucho oído para escuchar el retumbar del trueno.

Lo que todo el mundo conoce no se llama sabiduría; las victorias sobre los demás obtenidas por medio de la batalla no se considera una buena victoria.

En la antigüedad, los que eran conocidos como buenos guerreros vencían cuando era fácil vencer.

Si sólo eres capaz de asegurar la victoria tras enfrentarte a un adversario en un conflicto armado, esa victoria es una dura victoria. **Si eres capaz de ver lo sutil y de darte cuenta de lo oculto, irrumpiendo antes del orden de batalla, la victoria así obtenida es una victoria fácil.**

Cuando se cumplen las instrucciones, las personas son sinceramente leales y comprometidas, los planes y preparativos para la defensa implantados con firmeza, siendo tan sutil y reservado que **no se revelan las estrategias de ninguna forma**, y los adversarios se sienten inseguros, y su inteligencia no les sirve para nada.

Sé extremadamente sutil, discreto, hasta el punto de no tener forma. Sé completamente misterioso y confidencial, hasta el punto de ser silencioso. De esta manera podrás dirigir el destino de tus adversarios.

La victoria sobre multitudes mediante formaciones precisas debe ser desconocida por las multitudes. **Todo el mundo conoce la forma mediante la que resultó vencedor, pero nadie conoce la forma mediante la que aseguró la victoria.**

En consecuencia, la victoria en la guerra no es repetitiva, sino que adapta su forma continuamente.

Determinar los cambios apropiados, significa no repetir las estrategias previas para obtener la victoria. Para lograrla, puedo adaptarme desde el principio a cualquier formación que los adversarios puedan adoptar.

Las formaciones son como el agua: la naturaleza del agua es evitar lo alto e ir hacia abajo; la naturaleza de los ejércitos es evitar lo lleno y atacar lo vacío; el flujo del agua está determinado para la tierra; la victoria viene determinada por el adversario.

Así pues, un ejército no tiene formación constante, lo mismo que el agua no tiene forma constante: se llama genio a la capacidad de obtener la victoria cambiando y adaptándose según el enemigo.

Las recompensas no deben utilizarse solas, ni debe confiarse solamente en los castigos. En caso contrario, las tropas, como niños mimosos, se acostumbran a disfrutar o a quedar resentidas por todo. Esto es dañino y los vuelve inservibles.

Si sabes que tus soldados son capaces de atacar, pero ignoras si el enemigo es invulnerable a un ataque, tienes sólo la mitad de posibilidades de ganar. Si sabes que tu enemigo es vulnerable a un ataque, pero ignoras si tus soldados son capaces de atacar, sólo tienes la mitad de posibilidades de ganar. Si sabes que el enemigo es vulnerable a un ataque, y tus soldados pueden llevarlo a cabo, pero ignoras si la condición del terreno es favorable para la batalla, tienes la mitad de probabilidades de vencer.

Por lo tanto, los que conocen las artes marciales no pierden el tiempo cuando efectúan sus movimientos, ni se agotan cuando atacan. Debido a esto se dice que cuando te conoces a ti mismo y conoces a los demás, la victoria no es un peligro; cuando conoces el cielo y la tierra, la victoria es inagotable.

3.- ¿Qué ejército obtiene ventajas de la naturaleza y el terreno?

4.- ¿En qué ejército se observan mejor las regulaciones y las instrucciones?

5.- ¿Qué tropas son más fuertes?

6.- ¿Qué ejército tiene oficiales y tropas mejor entrenadas?

7.- ¿Qué ejército administra recompensas y castigos de forma más justa?

Mediante el estudio de estos siete factores, serás capaz de adivinar cuál de los dos bandos saldrá victorioso y cual será derrotado.

El general que siga mi consejo, es seguro que vencerá. Ese general ha de ser mantenido al mando. Aquel que ignore mi consejo, ciertamente será derrotado. Ese debe ser destituido. Tras prestar atención a mi consejo y planes, el general debe crear una situación que contribuya a su cumplimiento. Por **situación** quiero decir que debe tomar en consideración la situación del campo, y actuar de acuerdo con lo que le es ventajoso. **El arte de la guerra se basa en el engaño.** Por lo tanto, cuando es capaz de atacar, ha de aparentar incapacidad; cuando las tropas se mueven, aparentar inactividad. Si está cerca del enemigo, ha de hacerle creer que está lejos; si está lejos, aparentar que se está cerca. Poner cebos para atraer al enemigo.

Sun Tzu dice: **la guerra es de vital importancia para el Estado; es el dominio de la vida o de la muerte, el camino hacia la supervivencia o la pérdida del Imperio: es forzoso manejarla bien.** No reflexionar seriamente sobre todo lo que le concierne es dar prueba de una culpable indiferencia en lo que respecta a la conservación o pérdida de lo que nos es más querido; y ello no debe ocurrir entre nosotros.

Anotaciones sobre la ley moral de Sun Tzu:

El enemigo no es siempre alguien exterior que se opone a nosotros, el enemigo puede ser a veces nuestro propio producto y el campo de batalla o terreno (mercado) donde estamos. Debemos ser los primeros siempre en invadir o crear los mercados. " El que pega primero gana"

Dos cosas esenciales, cuál es tu posición y como avanzar sobre esa posición.

Estrategia es un proceso continuo de pensamiento no un esfuerzo puntual de planificación.

Primera consideración la misión o Ley Moral, ¿Qué nos diferencia de las otras de otras compañías o personas?

Segunda: Que nos conecta con las personas con las que vamos a interactuar.

Cada persona en la empresa debe estar alineada a la misión independientemente de lo que haga. Debe vivir la misión.

SUN TZU

AI

Terreno Estrecho

Por lo general, las operaciones militares están bajo el del gobernante civil para dirigir al ejército.

El General no debe levantar su campamento en un terreno difícil. Deja que se establezcan relaciones diplomáticas en las fronteras. No permanezcas en un territorio árido ni aislado.

Cuando te halles en un terreno cerrado, prepara alguna estrategia y muévete. Cuando te halles en un terreno mortal, lucha.

Terreno estrecho significa que existen lugares escarpados que te rodean por todas partes, de manera que el enemigo tiene movilidad, que puede llegar e irse con libertad, pero a ti te es difícil salir y volver.

En un terreno **estrecho**, si eres el primero en llegar, debes ocuparlo totalmente y esperar al adversario. Si él llega antes, no lo persigas si bloquea los desfiladeros. Persíguelo sólo si no los bloquea.

En terreno **accidentado**, si eres el primero en llegar, debes ocupar sus puntos altos y soleados y esperar al adversario. Si éste los ha ocupado antes, retírate y no lo persigas.

SUN TZU

TERRENO (DI)

Como regla general, **es mejor conservar a un enemigo intacto que destruirlo**. Capturar a sus soldados para conquistarlos y dominas a sus jefes.

Un General decía: "Practica las artes marciales, calcula la fuerza de tus adversarios, haz que pierdan su ánimo y dirección, de manera que aunque el ejército enemigo esté intacto sea inservible: esto es ganar sin violencia. Si destruyes al ejército enemigo y matas a sus generales, asaltas sus defensas disparando, reúnes a una muchedumbre y usurpas un territorio, todo esto es ganar por la fuerza."

Por esto, los que ganan todas las batallas no son realmente profesionales; los que consiguen que se rindan impotentes los ejércitos ajenos sin luchar son los mejores maestros del Arte de la Guerra.

Los guerreros superiores atacan mientras los enemigos están proyectando sus planes. Luego deshacen sus alianzas.

Por eso, un gran emperador decía: "El que lucha por la victoria frente a espadas desnudas no es un buen general." La peor táctica es atacar a una ciudad. Asediar, acorralar a una ciudad sólo se lleva a cabo como último recurso.

Emplea no menos de tres meses en preparar tus artefactos y otros tres para coordinar los recursos para tu asedio. Nunca se debe atacar por cólera y con prisas. Es aconsejable tomarse tiempo en la planificación y coordinación del plan.

Por lo tanto, un verdadero maestro de las artes marciales vence a otras fuerzas enemigas sin batalla, conquista otras ciudades sin asediarlas y destruye a otros ejércitos sin emplear mucho tiempo.

Un maestro experto en las artes marciales deshace los planes de los enemigos, estropea sus relaciones y alianzas, le corta los suministros o bloquea su camino, venciendo mediante estas tácticas sin necesidad de luchar.

Es imprescindible luchar contra todas las facciones enemigas para obtener una victoria completa, de manera que su ejército no quede acuartelado y el beneficio sea total. Esta es la ley del asedio estratégico.

La victoria completa se produce cuando el ejército no lucha, la ciudad no es asediada, la destrucción no se prolonga durante mucho tiempo, y en cada caso el enemigo es vencido por el empleo de la estrategia.

Las reglas militares son cinco:
1.- Medición,
2.- Valoración,
3.- Cálculo,
4.- Comparación
5.- Victoria.

El terreno da lugar a las **mediciones**, éstas dan lugar a las **valoraciones**, las valoraciones a los **cálculos**, éstos a las **comparaciones**, y las comparaciones dan lugar a las **victorias**.

A menos que conozcas las montañas y los bosques, los desfiladeros y los pasos, y la condición de los pantanos, no puedes maniobrar con una fuerza armada. A menos que utilices guías locales, no puedes aprovecharte de **las ventajas del terreno**.

Sólo cuando conoces cada detalle de la condición del terreno puedes maniobrar y guerrear.

Por consiguiente, una fuerza militar se usa según la estrategia prevista, se moviliza mediante la esperanza de recompensa, y se adapta mediante la división y la combinación.

Una fuerza militar se establece mediante la estrategia en el sentido de que distraes al enemigo para que no pueda conocer cuál es tu situación real y no pueda imponer su supremacía. Se moviliza mediante la esperanza de recompensa, en el sentido de que entra en acción cuando ve la posibilidad de obtener una ventaja. Dividir y volver a hacer combinaciones de tropas se hace para confundir al adversario y observar cómo reacciona frente a ti; de esta manera puedes adaptarte para obtener la victoria.

Dominar la fuerza es esperar a los que vienen de lejos, aguardar con toda comodidad a los que se han fatigado, y con el estómago saciado a los hambrientos.

Esto es lo que se quiere decir cuando se habla de atraer a otros hacia donde estás, al tiempo que evitas ser inducido a ir hacia donde están ellos.

Evitar la confrontación contra formaciones de combate bien ordenadas y no atacar grandes batallones constituye el dominio de la adaptación.

Por tanto, la regla general de las operaciones militares es no enfrentarse a una gran montaña ni oponerse al enemigo de espaldas a ésta.

Esto significa que si los adversarios están en un terreno elevado, no debes atacarles cuesta arriba, y que cuando efectúan una carga cuesta abajo, no debes hacerles frente.

Cada ruta debe ser estudiada para que sea la mejor. Hay rutas que no debes usar, ejércitos que no han de ser atacados, ciudades que no deben ser rodeadas, terrenos sobre los que no se debe combatir, y órdenes de gobernantes civiles que no deben ser obedecidas.

En consecuencia, **los generales que conocen las variables posibles para aprovecharse del terreno saben cómo manejar las fuerzas armadas.** Si los generales no saben cómo adaptarse de manera ventajosa, aunque conozcan la condición del terreno, no pueden aprovecharse de él.

Si están al mando de ejércitos, pero ignoran las artes de la total adaptabilidad, aunque conozcan el objetivo a lograr, no pueden hacer que los soldados luchen por él.

Si eres capaz de ajustar la campaña cambiar conforme al ímpetu de las fuerzas, entonces la ventaja no cambia, y los únicos que son perjudicados son los enemigos.

Por esta razón, no existe una estructura permanente. Si puedes comprender totalmente este principio, puedes hacer que los soldados actúen en la mejor forma posible.

Por lo tanto, las consideraciones de la persona inteligente siempre incluyen el analizar objetivamente el beneficio y el daño. Cuando considera el beneficio, su acción se expande; cuando considera el daño, sus problemas pueden resolverse.

Algunos terrenos son **TONG (Fáciles)**, otros **GUA (Altamente Arriesgados)**, algunos **ZHI (Sin Ventaja)**, otros **AI (Estrecho)**, **ZIAN (Escarpado)** o **YUA (Empate)**.

SUN TZU

GUA

Situación Altamente Arriesgada

Si tus fuerzas son inferiores, mantente continuamente en guardia, pues el más pequeño fallo te acarrearía las peores consecuencias. Trata de mantenerte al abrigo y evita en lo posible un enfrentamiento abierto con él; la prudencia y la firmeza de un pequeño número de personas pueden llegar a cansar y a dominar incluso a numerosos ejércitos.

Cuando los adversarios están en posición favorable, debes cansarlos. Cuando están bien alimentados, cortar los suministros. Cuando están descansando, hacer que se pongan en movimiento.

Por lo general, las operaciones militares están bajo el del gobernante civil para dirigir al ejército.

El General no debe levantar su campamento en un terreno difícil. Deja que se establezcan relaciones diplomáticas en las fronteras. No permanezcas en un territorio árido ni aislado.

Cuando te halles en un terreno cerrado, prepara alguna estrategia y muévete. Cuando te halles en un terreno mortal, lucha.

Terreno Altamente Arriesgado significa que existen lugares escarpados que te rodean por todas partes, de manera que el enemigo tiene movilidad, que puede llegar e irse con libertad, pero a ti te es difícil salir y volver.

Cuando estés en un terreno **Altamente Arriesgado** de salir, estás limitado. En este terreno, si tu enemigo no está preparado, puedes vencer si sigues adelante, pero si el enemigo está preparado y sigues adelante, tendrás muchas dificultades para volver de nuevo a él, lo cual jugará en contra tuya.

SUN TZU

TONG

Terrenos que atravesamos con la misma facilidad que los competidores

Los expertos en defensa se esconden en las profundidades de la tierra; los expertos en maniobras de ataque se esconden en las más elevadas alturas del cielo. De esta manera pueden protegerse y lograr la victoria total.

Si vas a colocar tu ejército en posición de observar al enemigo, atraviesa rápido las montañas y vigílalos desde un valle. Considera el efecto de la luz y mantente en la posición más elevada del valle. Cuando combatas en una montaña, ataca desde arriba hacia abajo y no al revés.

Combate estando cuesta abajo y nunca cuesta arriba. Evita que el agua divida tus fuerzas, aléjate de las condiciones desfavorables lo antes que te sea posible. No te enfrentes a los enemigos dentro del agua; es conveniente dejar que pasen la mitad de sus tropas y en ese momento dividirlas y atacarlas.

No te sitúes río abajo. No camines en contra de la corriente, ni en contra del viento.

Si acampas en la ribera de un río, tus ejércitos pueden ser sorprendidos de noche, empujados a ahogarse o se les puede colocar veneno en la corriente. Tus barcas no deben ser amarradas corriente abajo, para impedir que el enemigo aproveche la corriente lanzando sus barcas contra ti. Si atraviesas pantanos, hazlo rápidamente. Si te encuentras frente a un ejército en media de un pantano, permanece cerca de sus plantas acuáticas o respaldadas por los árboles.

En una llanura, toma posiciones desde las que sea fácil maniobrar, manteniendo las elevaciones del terreno detrás y a tu derecha, estando las partes más bajas delante y las más altas detrás.
Generalmente, un ejército prefiere un terreno elevado y evita un terreno bajo, aprecia la luz y detesta la oscuridad.
Los terrenos elevados son estimulantes, y por lo tanto, la gente se halla a gusto en ellos, además son convenientes para adquirir la fuerza del ímpetu. Los terrenos bajos son húmedos, lo cual provoca enfermedades y dificulta el combate.
Cuida de la salud física de tus soldados con los mejores recursos disponibles.
Cuando no existe la enfermedad en un ejército, se dice que éste es invencible.
Donde haya montículos y terraplenes, sitúate en su lado soleado, manteniéndolos siempre a tu derecha y detrás.
Colocarse en la mejor parte del terreno es ventajoso para una fuerza militar.
La ventaja en una operación militar consiste en aprovecharse de todos los factores beneficiosos del terreno.

Cuando el terreno sea accesible, sé el primero en establecer tu posición, eligiendo las alturas soleadas; una posición que sea adecuada para transportar los suministros; así tendrás ventaja cuando libres la batalla.

Cuando es un terreno desfavorable para ambos bandos, se dice que es un terreno neutro. En un terreno neutro, incluso si el adversario te ofrece una ventaja, no te aproveches de ella: retírate, induciendo a salir a la mitad de las tropas enemigas, y entonces cae sobre él aprovechándote de esta condición favorable.

Anotaciones

El enemigo no es siempre alguien exterior que se opone a nosotros, el enemigo puede ser a veces nuestro propio producto y el campo de batalla o terreno (mercado) donde estamos. Debemos ser los primeros siempre en invadir o crear los mercados. " El que pega primero gana"

SUN TZU

XIAN

Terreno Escarpado

Así pues, la regla de la utilización de la fuerza es la siguiente: si tus fuerzas son diez veces superiores a las del adversario, rodéalo; si son cinco veces superiores, atácalo; si son dos veces superiores, divídelo.

La defensa es para tiempos de escasez, el ataque para tiempos de abundancia.

Los expertos en defensa se esconden en las profundidades de la tierra; los expertos en maniobras de ataque se esconden en las más elevadas alturas del cielo. De esta manera pueden protegerse y lograr la victoria total.

En situaciones de ataque, vuestro movimiento es rápido y vuestro grito fulgurante, veloz como el trueno y el relámpago, para los que no se puede uno preparar, aunque vengan del cielo.

Si vas a colocar tu ejército en posición de observar al enemigo, atraviesa rápido las montañas y vigílalos desde un valle.

Considera el efecto de la luz y mantente en la posición más elevada del valle. Cuando combatas en una montaña, ataca desde arriba hacia abajo y no al revés.

SUN TZU

YUAN

Empate

Si tus fuerzas son iguales en número, lucha si te es posible. Este consejo se aplica en los casos en que todos los factores son equivalentes. Si tus fuerzas están en orden mientras que las suyas están inmersas en el caos, si tú y tus fuerzas están con ánimo y ellos desmoralizados, entonces, aunque sean más numerosos, puedes entrar en batalla. Si tus soldados, tus fuerzas, tu estrategia y tu valor son menores que las de tu adversario, entonces debes retirarte y buscar una salida.

En consecuencia, si el bando más pequeño es obstinado, cae prisionero del bando más grande.

En un terreno **abierto**, la fuerza del ímpetu se encuentra igualada, y es difícil provocarle a combatir de manera desventajosa para él.

SUN TZU

ZHI

Situación sin ventaja

Esto quiere decir que si un pequeño ejército no hace una valoración adecuada de su poder y se atreve a enemistarse con una gran potencia, por mucho que su defensa sea firme, inevitablemente se convertirá en conquistado. "Si no puedes ser fuerte, pero tampoco sabes ser débil, serás derrotado." Los generales son servidores del Pueblo. Cuando su servicio es completo, el Pueblo es fuerte. Cuando su servicio es defectuoso, el Pueblo es débil.

En situaciones de defensa, acalláis las voces y borráis las huellas, escondidos como fantasmas y espíritus bajo tierra, invisibles para todo el mundo.

Cuando se dispone de pocos soldados se está a la defensiva contra el adversario el que dispone de muchos hace que el enemigo tenga que defenderse.

Cuantas más defensas induces a adoptar a tu enemigo, más debilitado quedará.

Así, si conoces el lugar y la fecha de la batalla, puedes acudir a ella aunque estés a mil kilómetros de distancia. Si no conoces el lugar y la fecha de la batalla, entonces tu flanco izquierdo no puede salvar al derecho, tu vanguardia no puede salvar a tu retaguardia, y tu retaguardia no puede salvar a tu vanguardia, ni siquiera en un territorio de unas pocas docenas de kilómetros.

Si tienes muchas más tropas que los demás, ¿cómo puede ayudarte este factor para obtener la victoria?

Si no conoces el lugar y la fecha de la batalla, aunque tus tropas sean más numerosas que las de ellos, ¿cómo puedes saber si vas a ganar o a perder?

Así pues, se dice que la victoria puede ser creada.

Cuando llueve río arriba y la corriente trae consigo la espuma, si quieres cruzarlo, espera a que escampe.

Siempre que un terreno presente barrancos infranqueables, lugares cerrados, trampas, riesgos, grietas y prisiones naturales, debes abandonarlo rápidamente y no acercarte a él. En lo que a mí concierne, siempre me mantengo alejado de estos accidentes del terreno, de manera que los adversarios estén más cerca que yo de ellos; doy la cara a estos accidentes, de manera que queden a espaldas del enemigo.

Entonces estás en situación ventajosa, y él tiene condiciones desfavorables.

Cuando un ejército se está desplazando, si atraviesa territorios montañosos con muchas corrientes de agua y pozos, o pantanos cubiertos de juncos, o bosques vírgenes llenos de árboles y vegetación, es imprescindible escudriñarlos totalmente y con cuidado, ya que estos lugares ayudan a las emboscadas y a los espías.

Es esencial bajar del caballo y escudriñar el terreno, por si existen tropas escondidas para tenderte una emboscada. También podría ser que hubiera espías al acecho observándote y escuchando tus instrucciones y movimientos.

Cuando el enemigo está cerca, pero permanece en calma, quiere decir que se halla en una posición fuerte. Cuando está lejos pero intenta provocar hostilidades, quiere que avances. Si, además, su posición es accesible, eso quiere decir que le es favorable.

Si un adversario no conserva la posición que le es favorable por las condiciones del terreno y se sitúa en otro lugar conveniente, debe ser porque existe alguna ventaja táctica para obrar de esta manera.

Si se mueven los árboles, es que el enemigo se está acercando. Si hay obstáculos entre los matorrales, es que has tomado un mal camino.

La idea de poner muchos obstáculos entre la maleza es hacerte pensar que existen tropas emboscadas escondidas en medio de ella.

Si los pájaros alzan el vuelo, hay tropas emboscadas en el lugar. Si los animales están asustados, existen tropas atacantes. Si se elevan columnas de polvo altas y espesas, hay carros que se están acercando; si son bajas y anchas, se acercan soldados a pie. Humaredas esparcidas significan que se está cortando leña. Pequeñas polvaredas que van y vienen indican que hay que levantar el campamento.

SUN TZU

TIEN

ENTORNO

Por eso, cuando una fuerza militar se mueve con rapidez es como el viento; cuando va lentamente es como el bosque; es voraz como el fuego e inmóvil como las montañas. Es rápida como el viento en el sentido que llega sin avisar y desaparece como el relámpago. Es como un bosque porque tiene un orden. Es voraz como el fuego que devasta una planicie sin dejar tras sí ni una brizna de hierba. Es inmóvil como una montaña cuando se acuartela.

Es tan difícil de conocer como la oscuridad; su movimiento es como un trueno que retumba.

Para ocupar un lugar, divide a tus tropas. Para expandir tu territorio, divide los beneficios.

La regla general de las operaciones militares es desproveer de alimentos al enemigo todo lo que se pueda. Sin embargo, en localidades donde la gente no tiene mucho, es necesario dividir a las tropas en grupos más pequeños para que puedan tomar en diversas partes lo que necesitan, ya que sólo así tendrán suficiente.

En cuanto a dividir el botín, significa que es necesario repartirlo entre las tropas para guardar lo que ha sido ganado, no dejando que el enemigo lo recupere.

Actúa después de haber hecho una estimación. Gana el que conoce primero la medida de lo que está lejos y lo que está cerca: ésta es la regla general de la lucha armada.

El primero que hace el movimiento es el "invitado", el último es el "anfitrión". El "invitado" lo tiene difícil, el "anfitrión lo tiene fácil". Cerca y lejos significan desplazamiento: el cansancio, el hambre y el frío surgen del desplazamiento.

Un antiguo libro que trata de asuntos militares dice: "Las palabras no son escuchadas, por eso se hacen los símbolos y los tambores. Las banderas y los estandartes se hacen a causa de la ausencia de visibilidad." Símbolos, tambores, banderas y estandartes se utilizan para concentrar y unificar los oídos y los ojos de los soldados. Una vez que están unificados, el valiente no puede actuar solo, ni el tímido puede retirarse solo: ésta es la regla general del empleo de un grupo.

Unificar los oídos y los ojos de los soldados significa hacer que miren y escuchen al unísono de manera que no caigan en la confusión y el desorden. Las señales se utilizan para indicar direcciones e impedir que los individuos vayan a donde se les antoje.

Así pues, en batallas nocturnas, utiliza fuegos y tambores, y en batallas diurnas sírvete de banderas y estandartes, para manipular los oídos y los ojos de los soldados.

Utiliza muchas señales para confundir las percepciones del enemigo y hacerle temer tu temible poder militar.

De esta forma, haces desaparecer la energía de sus ejércitos y desmoralizas a sus generales.

En primer lugar, has de ser capaz de mantenerte firme en tu propio corazón; sólo entonces puedes desmoralizar a los generales enemigos. Por esto, la tradición afirma que los habitantes de otros tiempos tenían la firmeza para desmoralizar, y la antigua ley de los que conducían carros de combate decía que cuando la mente original es firme, la energía fresca es victoriosa.

De este modo, la energía de la mañana está llena de ardor, la del mediodía decae y la energía de la noche se retira; en consecuencia, los expertos en el manejo de las armas prefieren la energía entusiasta, atacan la decadente y la que se bate en retirada. Son ellos los que dominan la energía.

Cualquier débil en el mundo se dispone a combatir en un minuto si se siente animado, pero cuando se trata realmente de tomar las armas y de entrar en batalla, es poseído por la energía; cuando esta energía se desvanece, se detendrá, estará asustado y se arrepentirá de haber comenzado. La razón por la que esa clase de ejércitos miran por encima del hombro a enemigos fuertes, lo mismo que miran a las doncellas vírgenes, es porque se están aprovechando de su agresividad, estimulada por cualquier causa.

Utilizar el orden para enfrentarse al desorden, utilizar la calma para enfrentarse con los que se agitan, esto es dominar el corazón.

A menos que tu corazón esté totalmente abierto y tu mente en orden, no puedes esperar ser capaz de adaptarte a responder sin límites, a manejar los acontecimientos de manera infalible, a enfrentarte a dificultades graves e inesperadas sin turbarte, dirigiendo cada cosa sin confusión.

Cielo, Noche y Día, Frio y Calor, en todos los tiempos y estaciones

SUN TZU

TIEN

PRIMERA CONDICION

La gran sabiduría no es algo obvio, el mérito grande no se anuncia. Cuando eres capaz de ver lo sutil, es fácil ganar; ¿qué tiene esto que ver con la inteligencia o la bravura?

Cuando se resuelven los problemas antes de que surjan, ¿quién llama a esto inteligencia? Cuando hay victoria sin batalla, ¿quién habla de bravura?

Así pues, los buenos guerreros toman posición en un terreno en el que no pueden perder, y no pasan por alto las condiciones que hacen a su adversario proclive a la derrota.

En consecuencia, un ejército victorioso gana primero y entabla la batalla después; un ejército derrotado lucha primero e intenta obtener la victoria después.

Esta es la diferencia entre los que tienen estrategia y los que no tienen planes premeditados.

Los que utilizan bien las armas cultivan el Camino y observan las leyes. Así pueden gobernar prevaleciendo sobre los corruptos.

Cuando la velocidad del agua que fluye alcanza el punto en el que puede mover las piedras, ésta es la fuerza directa. Cuando la velocidad y maniobrabilidad del halcón es tal que puede atacar y matar, esto es precisión. Lo mismo ocurre con los guerreros expertos:

Su fuerza es rápida, su precisión certera. Su fuerza es como disparar una catapulta, su precisión es dar en el objetivo previsto y causar el efecto esperado.

El desorden llega del orden, la cobardía surge del valor, la debilidad brota de la fuerza.

Si quieres fingir desorden para convencer a tus adversarios y distraerlos, primero tienes que organizar el orden, porque sólo entonces puedes crear un desorden artificial. Si quieres fingir cobardía para conocer la estrategia de los adversarios, primero tienes que ser extremadamente valiente, porque sólo entonces puedes actuar como tímido de manera artificial. Si quieres fingir debilidad para inducir la arrogancia en tus enemigos, primero has de ser extremadamente fuerte porque sólo entonces puedes pretender ser débil.

El orden y el desorden son una cuestión de organización; la cobardía es una cuestión valentía y la de ímpetu; la fuerza y la debilidad son una cuestión de la formación en la batalla.

Los buenos guerreros buscan la efectividad en la batalla a partir de la fuerza del ímpetu (percepción) y no dependen sólo de la fuerza de sus soldados. Son capaces de escoger a la mejor gente, desplegarlos adecuadamente y dejar que la fuerza del ímpetu logre sus objetivos.

Si no conoces el lugar y la fecha de la batalla, aunque tus tropas sean más numerosas que las de ellos, ¿cómo puedes saber si vas a ganar o a perder?

Así pues, se dice que la victoria puede ser creada.

Si haces que los adversarios no sepan el lugar y la fecha de la batalla, siempre puedes vencer.

Incluso si los enemigos son numerosos, puede hacerse que no entren en combate.

Por tanto, haz tu valoración sobre ellos para averiguar sus planes, y determinar qué estrategia puede tener éxito y cuál no. Incítalos a la acción para descubrir cuál es el esquema general de sus movimientos y descansa.

Haz algo por o en contra de ellos para su atención, de manera que puedas de ellos para atraer descubrir sus hábitos de comportamiento de ataque y de defensa.

Indúcelos a adoptar formaciones específicas, para conocer sus puntos flacos.

Esto significa utilizar muchos métodos para confundir y perturbar al enemigo con el objetivo de observar sus formas de respuesta hacia ti; después de haberlas observado, actúas en consecuencia, de manera que puedes saber qué clase de situaciones significan vida y cuáles significan muerte.

Pruébalos para averiguar sus puntos fuertes y sus puntos débiles. Por lo tanto, el punto final de la formación de un ejército es llegar a la no forma. Cuando no tienes forma, los informadores no pueden descubrir nada, ya que la información no puede crear una estrategia.

Una vez que no tienes forma perceptible, no dejas huellas que puedan ser seguidas, los informadores no encuentran ninguna grieta por donde mirar y los que están a cargo de la planificación no pueden establecer ningún plan realizable.

Si puedes recordar siempre el peligro cuando estás a salvo y el caos en tiempos de orden, permanece atento al peligro y al caos mientras no tengan todavía forma, y evítalos antes de que se presenten; ésta es la mejor estrategia de todas.

En asuntos militares, no es necesariamente más beneficioso ser superior en fuerzas, sólo evitar actuar con violencia innecesaria; es suficiente con consolidar tu poder, hacer estimaciones sobre el enemigo y conseguir reunir tropas; eso es todo.

SUN TZU

TIEN

SEGUNDA CONDICION

La fuerza es la energía acumulada o la que se percibe. Esto es muy cambiante. Los expertos son capaces de vencer al enemigo creando una percepción favorable en ellos, así **obtener la victoria sin necesidad de ejercer su fuerza.**

Gobernar sobre muchas personas como si fueran poco es una cuestión de dividirlas en grupos o sectores: es **organización.** Batallar contra un gran número de tropas como si fueran pocas es una cuestión de demostrar la fuerza, símbolos y señales.

Se refiere a lograr una percepción de fuerza y poder en la oposición. En el campo de batalla se refiere a las formaciones y banderas utilizadas para desplegar las tropas y coordinar sus movimientos.

Lograr que el ejército sea capaz de combatir contra el adversario sin ser derrotado es una cuestión de emplear métodos ortodoxos o heterodoxos.

La ortodoxia y la heterodoxia no es algo fijo, sino que se utilizan como un ciclo. Un emperador que fue un famoso guerrero y administrador, hablaba de manipular las percepciones de los adversarios sobre lo que es ortodoxo y heterodoxo, y después atacar inesperadamente, combinando ambos métodos hasta convertirlo en uno, volviéndose así indefinible para el enemigo.

Que el efecto de las fuerzas sea como el de piedras arrojadas sobre huevos, es una cuestión de lleno y vacío.

Cuando estás concentrado formando una sola fuerza, mientras que el enemigo está dividido en diez, estás atacando a una concentración de uno contra diez, así que tus fuerzas superan a las suyas.

Si puedes atacar a unos pocos soldados con muchos, diezmarás el número de tus adversarios.

Cuando estás fuertemente atrincherado, te has hecho fuerte tras buenas barricadas, y no dejas filtrar ninguna información sobre tus fuerzas, sal afuera sin formación precisa, ataca y conquista de manera incontenible.

Por consiguiente, la lucha armada puede ser provechosa y puede ser peligrosa.

Para el experto es provechosa, para el inexperto peligrosa.

Movilizar a todo el ejército para el combate en aras de obtener alguna ventaja tomaría mucho tiempo, pero combatir por una ventaja con un ejército incompleto tendría como resultado una falta de recursos.

Si te movilizas rápidamente y sin parar día y noche, recorriendo el doble de la distancia habitual, y si luchas por obtener alguna ventaja a miles de kilómetros, tus jefes militares serán hechos prisioneros. Los soldados que sean fuertes llegarán allí primero, los más cansados llegarán después - como regla general, sólo lo conseguirá uno de cada diez.

Cuando la ruta es larga las tropas se cansan; si han gastado su fuerza en la movilización, llegan agotadas mientras que sus adversarios están frescos; así pues, es seguro que serán atacadas.

Combatir por una ventaja a cincuenta kilómetros de distancia frustrará los planes del mando, y, como regla general, sólo la mitad de los soldados lo harán.

Si se combate por obtener una ventaja a treinta kilómetros de distancia, sólo dos de cada tres soldados los recorrerán.

Así pues, **un ejército perece si no está equipado, si no tiene provisiones o si no tiene dinero.**

Estas tres cosas son necesarias: no puedes combatir para ganar con un ejército no equipado, o sin provisiones, lo que el dinero facilita.

Por tanto, si ignoras los planes de tus rivales, no puedes hacer alianzas precisas.

El enemigo que actúa aisladamente, que carece de estrategia y que toma a la ligera a sus adversarios, inevitablemente acabará siendo derrotado.

Si tu plan no contiene una estrategia de retirada o posterior al ataque, sino que confías exclusivamente en la fuerza de tus soldados, y tomas a la ligera a tus adversarios sin valorar su condición, con toda seguridad caerás prisionero.

SUN TZU

TIEN

TERCERA CONDICION

Servirse de la armonía para desvanecer la oposición, no atacar un ejército inocente, no hacer prisioneros o tomar botín par donde pasa el ejército, no cortar los árboles ni contaminar los pozos, limpiar y purificar los templos de las ciudades y montañas del camino que atraviesas, no repetir los errores de una civilización decadente, a todo esto se llama el Camino y sus leyes.

Cuando el ejército está estrictamente disciplinado, hasta el punto en que los soldados morirían antes que desobedecer las órdenes, y las recompensas y los castigos merecen confianza y están bien establecidos, cuando los jefes y oficiales son capaces de actuar de esta forma, pueden vencer a un Príncipe enemigo corrupto.

Cuando el que gana consigue que su pueblo vaya a la batalla como si estuviera dirigiendo una gran corriente de agua hacia un cañón profundo, esto es una cuestión de orden de batalla.

Cuando el agua se acumula en un cañón profundo, nadie puede medir su cantidad, lo mismo que nuestra defensa no muestra su forma. Cuando se suelta el agua, se precipita hacia abajo como un torrente, de manera tan irresistible como nuestro propio ataque.

Cuando un ejército tiene la fuerza del ímpetu (percepción), incluso el tímido se vuelve valiente, cuando pierde la fuerza del ímpetu, incluso el valiente se convierte en tímido. Nada está fijado en las leyes de la guerra: éstas se desarrollan sobre la base del ímpetu.

Con astucia se puede anticipar y lograr que los adversarios se convenzan a sí mismos cómo proceder y moverse; les ayuda a caminar por el camino que les traza. Hace moverse a los enemigos con la perspectiva del triunfo, para que caigan en la emboscada.

Si se castiga a los soldados antes de haber conseguido que sean leales al mando, no obedecerán, y si no obedecen, serán difíciles de emplear.

Tampoco podrán ser empleados si no se lleva a cabo ningún castigo, incluso después de haber obtenido su lealtad.

Cuando existe un sentimiento subterráneo de aprecio y confianza, y los corazones de los soldados están ya vinculados al mando, si se relaja la disciplina, los soldados se volverán arrogantes y será imposible emplearlos.

Por lo tanto, dirígelos mediante el arte civilizado y unifícalos mediante las artes marciales; esto significa una victoria continua.

Arte civilizado significa humanidad, y artes marciales significan reglamentos. Mándalos con humanidad y benevolencia, unifícalos de manera estricta y firme. Cuando la benevolencia y la firmeza son evidentes, es posible estar seguro de la victoria.

Cuando las órdenes se dan de manera clara, sencilla y consecuente a las tropas, éstas las aceptan. Cuando las órdenes son confusas, contradictorias y cambiantes las tropas no las aceptan o no las entienden.

Cuando las órdenes son razonables, justas, sencillas, claras y consecuentes, existe una satisfacción recíproca entre el líder y el grupo.

SUN TZU

TIEN

CUARTA CONDICION

Cuando induces a los adversarios a atacarte en tu territorio, su fuerza siempre está vacía (en desventaja); mientras que no compitas en lo que son los mejores, tu fuerza siempre estará llena. Atacar con lo vacío contra lo lleno es como arrojar piedras sobre huevos: de seguro se rompen.

Cuando se entabla una batalla de manera directa, la victoria se gana por sorpresa.

El ataque directo es ortodoxo. El ataque indirecto es heterodoxo.

Sólo hay dos clases de ataques en la batalla: el extraordinario por sorpresa y el directo ordinario, pero sus variantes son innumerables. Lo ortodoxo y lo heterodoxo se originan recíprocamente, como un círculo sin comienzo ni fin; ¿quién podría agotarlos?

No han de conocer dónde piensas librar la batalla, porque cuando no se conoce, el enemigo destaca muchos puestos de vigilancia, y en el momento en el que se establecen numerosos puestos sólo tienes que combatir contra pequeñas unidades.

Así pues, cuando su vanguardia está preparada, su retaguardia es defectuosa, y cuando su retaguardia está preparada, su vanguardia presenta puntos débiles.

Las preparaciones de su ala derecha significarán carencia en su ala izquierda. Las preparaciones por todas partes significaran ser vulnerable por todas partes.

Esto significa que cuando las tropas están de guardia en muchos lugares, están forzosamente desperdigadas en pequeñas unidades.

SUN TZU

TIEN

QUINTA CONDICION

Cuando hay entusiasmo, convicción, orden, organización, recursos, compromiso de los soldados, tienes la fuerza del ímpetu, y el tímido es valeroso. Así es posible asignar a los soldados por sus capacidades, habilidades y encomendarle deberes y responsabilidades adecuadas. El valiente puede luchar, el cuidadoso puede hacer de centinela, y el inteligente puede estudiar, analizar y comunicar. Cada cual es útil.

Hacer que los soldados luchen permitiendo que la fuerza del ímpetu haga su trabajo es como hacer rodar rocas. Las rocas permanecen inmóviles cuando están en un lugar plano, pero ruedan en un plano inclinado; se quedan fijas cuando son cuadradas, pero giran si son redondas. Por lo tanto, cuando se conduce a los hombres a la batalla con astucia, el impulso es como rocas redondas que se precipitan montaña abajo: ésta es la fuerza que produce la victoria.

La regla ordinaria para el uso del ejército es que el mando del ejército reciba órdenes de las autoridades civiles y después reúne y concentra a las tropas, acuartelándolas juntas. Nada es más difícil que la lucha armada.

Luchar con otros cara a cara para conseguir ventajas es lo más arduo del mundo.

Cansa a los enemigos manteniéndolos ocupados y no dejándoles respirar. Pero antes de lograrlo, tienes que realizar previamente tu propia labor. Esa labor consiste en desarrollar un ejército fuerte, un pueblo próspero, una sociedad armoniosa y una manera ordenada de vivir.

Así pues, la norma general de las operaciones militares consiste en no contar con que el enemigo no acuda, sino confiar en tener los medios de enfrentarte a él; no contar con que el adversario no ataque, sino confiar en poseer lo que no puede ser atacado.

SUN TZU

JIANG

LIDER

Así pues, existen tres maneras en las que un Príncipe lleva al ejército al desastre.

1.- Cuando un Príncipe, ignorando los hechos, ordena avanzar a sus ejércitos o retirarse cuando no deben hacerlo; a esto se le llama inmovilizar al ejército.

2.- Cuando un Príncipe ignora los asuntos militares, pero comparte en pie de igualdad el mando del ejército, los soldados acaban confusos.

3.- Cuando el Príncipe ignora cómo llevar a cabo las maniobras militares, pero comparte por igual su dirección, los soldados están vacilantes. Una vez que los ejércitos están confusos y vacilantes, empiezan los problemas procedentes de los adversarios. A esto se le llama perder la victoria por trastornar el aspecto militar.

Si intentas utilizar los métodos de un gobierno civil para dirigir una operación militar, la operación será confusa.

Triunfan aquellos que:

A.- Saben cuándo luchar y cuándo no

B.- Saben discernir cuándo utilizar muchas o pocas tropas.

C.- Tienen tropas cuyos rangos superiores e inferiores tienen el mismo objetivo.

D.- Se enfrentan con preparativos a enemigos desprevenidos.

E.- Tienen generales competentes y no limitados por sus gobiernos civiles.

Estas cinco son las maneras de conocer al futuro vencedor.

Hablar de que el Príncipe sea el que da las órdenes en todo es como el General solicitarle permiso al Príncipe para poder apagar un fuego: para cuando sea autorizado, ya no quedan sino cenizas.

Si conoces a los demás y te conoces a ti mismo, ni en cien batallas correrás peligro; si no conoces a los demás, pero te conoces a ti mismo, perderás una batalla y ganarás otra; si no conoces a los demás ni te conoces a ti mismo, correrás peligro en cada batalla.

Antiguamente, **los guerreros expertos se hacían a sí mismos invencibles en primer lugar, y después aguardaban para descubrir la vulnerabilidad de sus adversarios.**

Mientras no hayas observado vulnerabilidades en el orden de batalla de los adversarios, oculta tu propia formación de ataque, y prepárate para ser invencible, con la finalidad de preservarte. Cuando los adversarios tienen órdenes de batalla vulnerables, es el momento de salir a atacarlos.

En consecuencia, las victorias de los buenos guerreros no destacan por su inteligencia o su bravura. Así pues, las victorias que ganan en batalla no son debidas a la suerte. Sus victorias no son casualidades, sino que son debidas a haberse situado previamente en posición de poder ganar con seguridad, imponiéndose sobre los que ya han perdido de antemano.

Por esto, existen cinco rasgos que son peligrosos en los generales:

1.- Los que están dispuestos a morir, pueden perder la vida;

2.- los que quieren preservar la vida, pueden ser hechos prisioneros;

3.- los que son dados a los apasionamientos irracionales, pueden ser ridiculizados;

4.- los que son muy puritanos, pueden ser deshonrados;

5.- los que son compasivos, pueden ser turbados.

Si te presentas en un lugar que con toda seguridad los enemigos se precipitarán a defender, las personas compasivas se apresurarán invariablemente a rescatar a sus habitantes, causándose a sí mismos problemas y cansancio.

Estos son cinco rasgos que constituyen defectos en los generales y que son desastrosos para las operaciones militares.

Los buenos generales son de otra manera: se comprometen hasta la muerte, pero no se aferran a la esperanza de sobrevivir; actúan de acuerdo con los acontecimientos, en forma racional y realista, sin dejarse llevar por las emociones ni estar sujetos a quedar confundidos. Cuando ven una buena oportunidad, son como tigres, en caso contrario cierran sus puertas. Su acción y su no acción son cuestiones de estrategia, y no pueden ser complacidos ni enfadados.

Entender estas las seis clases de terreno es la responsabilidad principal del general, y es imprescindible considerarlos.

Éstas son las configuraciones del terreno; los generales que las ignoran salen derrotados.

Así pues, entre las tropas están las que huyen, la que se retraen, las que se derrumban, las que se rebelan y las que son derrotadas. Ninguna de estas circunstancias constituye desastres naturales, sino que son debidas a los errores de los generales.

Las tropas que tienen el mismo ímpetu, pero que atacan en proporción de uno contra diez, salen derrotadas. Los que tienen tropas fuertes pero cuyos oficiales son débiles, quedan retraídos.

Los que tienen soldados débiles al mando de oficiales fuertes, se verán en apuros. Cuando los oficiales superiores están encolerizados y son violentos, y se enfrentan al enemigo por su cuenta y por despecho, y cuando los generales ignoran sus capacidades, el ejército se desmoronará.

Como norma general, para poder vencer al enemigo, todo el mando militar debe tener una sola intención y todas las fuerzas militares deben cooperar.

Cuando los generales son débiles y carecen de autoridad, cuando las órdenes no son claras, cuando oficiales y soldados no tienen solidez y las formaciones son anárquicas, se produce revuelta.

Los generales que son derrotados son aquellos que son incapaces de calibrar a los adversarios, entran en combate con fuerzas superiores en número o mejor equipadas, y no seleccionan a sus tropas según los niveles de preparación de las mismas.

Si empleas soldados sin seleccionar a los preparados de los no preparados, a los arrojados y a los timoratos, te estás buscando tu propia derrota.

Estas son las **seis maneras de ser derrotado**. La comprensión de estas situaciones es la responsabilidad suprema de los generales y deben ser consideradas.

1.- La **primera** es no calibrar el número de fuerzas

2.- La **segunda**, la ausencia de un sistema claro de recompensas y castigos;

3.- La **tercera**, la insuficiencia de entrenamiento;

4.- La **cuarta** es la pasión irracional;

5.- La **quinta** es la ineficacia de la ley del orden;

6.- La **sexta** es el fallo de no seleccionar a los soldados fuertes y resueltos.

La configuración del terreno puede ser un apoyo para el ejército; para los jefes militares, el curso de la acción adecuada es calibrar al adversario para asegurar la victoria y calcular los riesgos y las distancias. Salen vencedores los que libran batallas conociendo estos elementos; salen derrotados los que luchan ignorándolos.

Por lo tanto, **cuando las leyes de la guerra señalan una victoria segura es claramente apropiado entablar batalla, incluso si el gobierno ha dada órdenes de no atacar. Si las leyes de la guerra no indican una victoria segura, es adecuado no entrar en batalla, aunque el gobierno haya dada la orden de atacar.** De este modo se avanza sin pretender la gloria, se ordena la retirada sin evitar la responsabilidad, con el único propósito de proteger a la población y en beneficio también del gobierno; así se rinde un servicio valioso a la nación.

Avanzar y retirarse en contra de las órdenes del gobierno no se hace por interés personal, sino para salvaguardar las vidas de la población y en auténtico beneficio del gobierno. Servidores de esta talla son muy útiles para un pueblo.

Mira por tus soldados como miras por un recién nacido; así estarán dispuestos a seguirte hasta los valles más profundos; cuida de tus soldados como cuidas de tus queridos hijos, y morirán gustosamente contigo.

Pero si eres tan amable con ellos que no los puedes utilizar, si eres tan indulgente que no les puedes dar órdenes, tan informal que no puedes disciplinarlos, tus soldados serán como niños mimados y, por lo tanto, inservibles.

Una Operación militar significa un gran esfuerzo para el pueblo, y la guerra puede durar muchos años para obtener una victoria de un día. Así pues, fallar en conocer la situación de los adversarios por economizar en aprobar gastos para investigar y estudiar a la oposición es extremadamente inhumano, y no es típico de un buen jefe militar, de un consejero de gobierno, ni de un gobernante victorioso. Por lo tanto, lo que posibilita a un gobierno inteligente y a un mando militar sabio vencer a los demás y lograr triunfos extraordinarios con esa información esencial.

SUN TZU

FA

METODOS DE SUN TZU

Golpear al enemigo cuando está desordenado. Prepararse contra él cuando está seguro en todas partes. Evitarle durante un tiempo cuando es más fuerte. Si tu oponente tiene un temperamento colérico, intenta irritarle. Si es arrogante, trata de fomentar su egoísmo.

Si las tropas enemigas se hallan bien preparadas tras una reorganización, intenta desordenarlas. Si están unidas, siembra la disensión entre sus filas. Ataca al enemigo cuando no está preparado, y aparece cuando no te espera. Estas son las claves de la victoria para el estratega.

Ahora, si las estimaciones realizadas antes de la batalla indican victoria, es porque los cálculos cuidadosamente realizados muestran que tus condiciones son más favorables que las condiciones del enemigo; si indican derrota, es porque muestran que las condiciones favorables para la batalla son menores. Con una evaluación cuidadosa, uno puede vencer; sin ella, no puede. Muchas menos oportunidades de victoria tendrá aquel que no realiza cálculos en absoluto.
Gracias a este método, se puede examinar la situación, y el resultado aparece claramente.

Una vez comenzada la batalla, aunque estés ganando, de continuar por mucho tiempo, desanimará a tus tropas y embotará tu espada. Si estás sitiando una ciudad, agotarás tus fuerzas. Si mantienes a tu ejército durante mucho tiempo en campaña, tus suministros se agotarán.

Las armas son instrumentos de mala suerte; emplearlas por mucho tiempo producirá calamidades. Como se ha dicho: "Los que a hierro matan, a hierro mueren." Cuando tus tropas están desanimadas, tu espada embotada, agotadas tus fuerzas y tus suministros son escasos, hasta los tuyos se aprovecharán de tu debilidad para sublevarse. Entonces, aunque tengas consejeros sabios, al final no podrás hacer que las cosas salgan bien.
Por esta causa, he oído hablar de operaciones militares que han sido torpes y repentinas, pero nunca he visto a ningún experto en el arte de la guerra que mantuviese la campaña por mucho tiempo. Nunca es beneficioso para un país dejar que una operación militar se prolongue por mucho tiempo.

Como se dice comúnmente, sé rápido como el trueno que retumba antes de que hayas podido taparte los oídos, veloz como el relámpago que relumbra antes de haber podido pestañear.

Por lo tanto, los que no son totalmente conscientes de la desventaja de servirse de las armas no pueden ser totalmente conscientes de las ventajas de utilizarlas.

Los que utilizan los medios militares con pericia no activan a sus tropas dos veces, ni proporcionan alimentos en tres ocasiones, con un mismo objetivo.

Esto quiere decir que no se debe movilizar al pueblo más de una vez por campaña, y que inmediatamente después de alcanzar la victoria no se debe regresar al propio país para hacer una segunda movilización. Al principio esto significa proporcionar alimentos (para las propias tropas), pero después se quitan los alimentos al enemigo.

Si tomas los suministros de armas de tu propio país, pero quitas los alimentos al enemigo, puedes estar bien abastecido de armamento y de provisiones.

Cuando un país se empobrece a causa de las operaciones militares, se debe al transporte de provisiones desde un lugar distante. Si las transportas desde un lugar distante, el pueblo se empobrecerá.

Los que habitan cerca de donde está el ejército pueden vender sus cosechas a precios elevados, pero se acaba de este modo el bienestar de la mayoría de la población. Cuando se transportan las provisiones muy lejos, la gente se arruina a causa del alto costo. En los mercados cercanos al ejército, los precios de las mercancías se aumentan. Por lo tanto, las largas campañas militares constituyen una lacra para el país.

Cuando se agotan los recursos, los impuestos se recaudan bajo presión. Cuando el poder y los recursos se han agotado, se arruina el propio país. Se priva al pueblo de gran parte de su presupuesto, mientras que los gastos del gobierno para armamentos se elevan.

Los habitantes constituyen la base de un país, los alimentos son la felicidad del pueblo. El príncipe debe respetar este hecho y ser sobrio y austero en sus gastos públicos.

En consecuencia, un general inteligente lucha por desproveer al enemigo de sus alimentos. Cada porción de alimentos tomados al enemigo equivale a veinte que te suministras a ti mismo.

Así pues, lo que arrasa al enemigo es la imprudencia, y la motivación de los tuyos en asumir los beneficios de los adversarios.

Cuando recompenses a tus hombres con los beneficios que ostentaban los adversarios los harás luchar por propia iniciativa, y así podrás tomar el poder y la influencia que tenía el enemigo. Es por esto par lo que se dice que donde hay grandes recompensas hay hombres valientes.

Por consiguiente, en una batalla de carros, recompensa primero al que tome al menos diez carros.

Si recompensas a todo el mundo, no habrá suficiente para todos, así pues, ofrece una recompensa a un soldado para animar a todos los demás. Cambia sus colores (de los soldados enemigos hechos prisioneros), utilízalos mezclados con los tuyos. Trata bien a los soldados y préstales atención. Los soldados prisioneros deben ser bien tratados, para conseguir que en el futuro luchen para ti. A esto se llama vencer al adversario e incrementar por añadidura tus propias fuerzas.

Si utilizas al enemigo para derrotar al enemigo, serás poderoso en cualquier lugar a donde vayas.

Así pues, lo más importante en una operación militar es la victoria y no la persistencia. Esta última no es beneficiosa. Un ejército es como el fuego: si no lo apagas, se consumirá por sí mismo.

Por lo tanto, sabemos que el que está a la cabeza del ejército está a cargo de las vidas de los habitantes y de la seguridad de la nación.

Si conoces a los demás y te conoces a ti mismo, ni en cien batallas correrás peligro; si no conoces a los demás, pero te conoces a ti mismo, perderás una batalla y ganarás otra; si no conoces a los demás ni te conoces a ti mismo, correrás peligro en cada batalla.

Antiguamente, los guerreros expertos se hacían a sí mismos invencibles en primer lugar, y después aguardaban para descubrir la vulnerabilidad de sus adversarios.

Hacerte invencible significa conocerte a ti mismo; aguardar para descubrir la vulnerabilidad del adversario significa conocer a los demás.

La invencibilidad está en uno mismo, la vulnerabilidad en el adversario.

Por esto, los guerreros expertos pueden ser invencibles, pero no pueden hacer que sus adversarios sean vulnerables.

Si los adversarios no tienen orden de batalla sobre el que informarse, ni negligencias o fallos de los que aprovecharse, ¿cómo puedes vencerlos aunque estén bien pertrechados? Por esto es por lo que se dice que la victoria puede ser percibida, pero no fabricada.

La invencibilidad es una cuestión de defensa, la vulnerabilidad, una cuestión de ataque.

Las reglas militares son cinco: medición, valoración, cálculo, comparación y victoria. El terreno da lugar a las mediciones, éstas dan lugar a las valoraciones, las valoraciones a los cálculos, éstos a las comparaciones, y las comparaciones dan lugar a las victorias.

Mediante las comparaciones de las dimensiones puedes conocer dónde se haya la victoria o la derrota. En consecuencia, un ejército victorioso es como un kilo comparado con un gramo; un ejército derrotado es como un gramo comparado con un kilo.

Los que anticipan, se preparan y llegan primero al campo de batalla y esperan al adversario están en posición descansada; los que llegan los últimos al campo de batalla, los que improvisan y entablan la lucha quedan agotados.

Los buenos guerreros hacen que los adversarios vengan a ellos, y de ningún modo se dejan atraer fuera de su fortaleza.

Si haces que los adversarios vengan a ti para combatir, su fuerza estará siempre vacía. Si no sales a combatir, tu fuerza estará siempre llena. Este es el arte de vaciar a los demás y de llenarte a ti mismo.
Lo que impulsa a los adversarios a venir hacia ti por propia decisión es la perspectiva de ganar. Lo que desanima a los adversarios de ir hacia ti es la probabilidad de sufrir daños.

Ataca inesperadamente, haciendo que los adversarios se agoten corriendo para salvar sus vidas. Interrumpe sus provisiones, arrasa sus campos y corta sus vías de aprovisionamiento. Aparece en lugares críticos y ataca donde menos se lo esperen, haciendo que tengan que acudir al rescate.

Aparece donde no puedan ir, se dirige hacia donde menos se lo esperen. Para desplazarte cientos de kilómetros sin cansancio, atraviesa tierras despobladas.

Atacar un espacio abierto no significa sólo un espacio en el que el enemigo no tiene defensa. Mientras su defensa no sea estricta - el lugar no esté bien guardado -, los enemigos se desperdigarán ante ti, como si estuvieras atravesando un territorio despoblado.

Para tomar infaliblemente lo que atacas, ataca donde no haya defensa. Para mantener una defensa infaliblemente segura, defiende donde no haya ataque.

Así, en el caso de los que son expertos en el ataque, sus enemigos no saben por dónde atacar.

Para avanzar sin encontrar resistencia, arremete por sus puntos débiles. Para retirarte de manera esquiva, sé más rápido que ellos.

Las situaciones militares se basan en la velocidad: llega como el viento, muévete como el relámpago, y los adversarios no podrán vencerte.

Por lo tanto, cuando quieras entrar en batalla, incluso si el adversario está atrincherado en una posición defensiva, no podrá evitar luchar si atacas en el lugar en el que debe acudir irremediablemente al rescate.

Cuando no quieras entrar en batalla, incluso si trazas una línea en el terreno que quieres conservar, el adversario no puede combatir contigo porque le das una falsa pista.

Esto significa que cuando los adversarios llegan para atacarte, no luchas con ellos, sino que estableces un cambio estratégico para confundirlos y llenarlos de incertidumbre.

Por consiguiente, cuando

Esto significa que cuando los adversarios llegan para atacarte, no luchas con ellos, sino que estableces un cambio estratégico para confundirlos y llenarlos de incertidumbre.

Por consiguiente, cuando induces a otros a efectuar una formación, mientras que tú mismo permaneces sin forma, estás concentrado, mientras que tu adversario está dividido.

Haz que los adversarios vean como extraordinario lo que es ordinario para ti; haz que vean como ordinario lo que es extraordinario para ti. Esto es inducir al enemigo a efectuar una formación. Una vez vista la formación del adversario, concentras tus tropas contra él. Como tu formación no está a la vista, el adversario dividirá seguramente sus fuerzas.

La dificultad de la lucha armada es hacer cercanas las distancias largas y convertir los problemas en ventajas.

Mientras que das la apariencia de estar muy lejos, empiezas tu camino y llegas antes que el enemigo.

Por lo tanto, haces que su ruta sea larga, atrayéndole con la esperanza de ganar. Cuando emprendes la marcha después que los otros y llegas antes que ellos, conoces la estrategia de hacer que las distancias sean cercanas.

Sírvete de una unidad especial para engañar al enemigo atrayéndole a una falsa persecución, haciéndole creer que el grueso de tus fuerzas está muy lejos; entonces, lanzas una fuerza de ataque sorpresa que llega antes, aunque emprendió el camino después.

No persigas a los enemigos cuando finjan una retirada, ni ataques tropas expertas.

Si los adversarios huyen de repente antes de agotar su energía, seguramente hay emboscadas esperándote para atacar a tus tropas; en este caso, debes retener a tus oficiales para que no se lancen en su persecución.

No consumas la comida de sus soldados.

Si el enemigo abandona de repente sus provisiones, éstas han de ser probadas antes de ser comidas, por si están envenenadas.

No detengas a ningún ejército que esté en camino a su país.
Bajo estas circunstancias, un adversario luchará hasta la muerte. Hay que dejarle una salida a un ejército rodeado.
Muéstrales una manera de salvar la vida para que no estén dispuestos a luchar hasta la muerte, y así podrás aprovecharte para atacarles.
No presiones a un enemigo desesperado.
Un animal agotado seguirá luchando, pues esa es la ley de la naturaleza.
Estas son las leyes de las operaciones militares.

El beneficio y el daño son interdependientes, y los sabios los tienen en cuenta.
Por ello, lo que retiene a los adversarios es el daño, lo que les mantiene ocupados es la acción, y lo que les motiva es el beneficio.
Las maniobras militares son el resultado de los planes y las estrategias en la manera más ventajosa para ganar.
Determinan la movilidad y efectividad de las tropas.

Si los emisarios del enemigo pronuncian palabras humildes mientras que éste incrementa sus preparativos de guerra, esto quiere decir que va a avanzar. Cuando se pronuncian palabras altisonantes y se avanza ostentosamente, es señal de que el enemigo se va a retirar.
Si sus emisarios vienen con palabras humildes, envía espías para observar al enemigo y comprobarás que está aumentando sus preparativos de guerra.
Cuando los carros ligeros salen en primer lugar y se sitúan en los flancos, están estableciendo un frente de batalla.

Si los emisarios llegan pidiendo la paz sin firmar un tratado, significa que están tramando algún complot.

Si el enemigo dispone rápidamente a sus carros en filas de combate, es que está esperando refuerzos.

No se precipitarán para un encuentro ordinario si no entienden que les ayudará, o debe haber una fuerza que se halla a distancia y que es esperada en un determinado momento para unir sus tropas y atacarte. Conviene anticipar, prepararse inmediatamente para esta eventualidad.

Si la mitad de sus tropas avanza y la otra mitad retrocede, es que el enemigo piensa atraerte a una trampa.

El enemigo está fingiendo en este caso confusión y desorden para incitarte a que avances.

Si los soldados enemigos se apoyan unos en otros, es que están hambrientos.

Si los aguadores beben en primer lugar, es que las tropas están sedientas.

Si el enemigo ve una ventaja pero no la aprovecha, es que está cansado.

Si los pájaros se reúnen en el campo enemigo, es que el lugar está vacío.

Si hay pájaros sobrevolando una ciudad, el ejército ha huido.

Si se producen llamadas nocturnas, es que los soldados enemigos están atemorizados. Tienen miedo y están inquietos, y por eso se llaman unos a otros.

Si el ejército no tiene disciplina, esto quiere decir que el general no es tomado en serio.

Si los estandartes se mueven, es que está sumido en la confusión.

Las señales se utilizan para unificar el grupo; así pues, si se desplaza de acá para allá sin orden ni concierto, significa que sus filas están confusas.

Si sus emisarios muestran irritación, significa que están cansados.

Si matan sus caballos para obtener carne, es que los soldados carecen de alimentos; cuando no tienen marmitas y no vuelven a su campamento, son enemigos completamente desesperados.

Si se producen murmuraciones, faltas de disciplina y los soldados hablan mucho entre sí, quiere decir que se ha perdido la lealtad de la tropa.

Las murmuraciones describen la expresión de los verdaderos sentimientos; las faltas de disciplina indican problemas con los superiores. Cuando el mando ha perdido la lealtad de las tropas, los soldados se hablan con franqueza entre sí sobre los problemas con sus superiores.

Si se otorgan numerosas recompensas, es que el enemigo se halla en un callejón sin salida; cuando se ordenan demasiados castigos, es que el enemigo está desesperado.

Cuando la fuerza de su ímpetu está agotada, otorgan constantes recompensas para tener contentos a los soldados, para evitar que se rebelen en masa. Cuando los soldados están tan agotados que no pueden cumplir las órdenes, son castigados una y otra vez para restablecer la autoridad.

Ser violento al principio y terminar después temiendo a los propios soldados es el colmo de la ineptitud.

Los emisarios que acuden con actitud conciliatoria indican que el enemigo quiere una tregua.

Si las tropas enemigas se enfrentan a ti con ardor, pero demoran el momento de entrar en combate sin abandonar no obstante el terreno, has de observarlos cuidadosamente.

Están preparando un ataque por sorpresa.

Intereses locales luchan entre sí en su propio territorio, a éste se le llama terreno de dispersión.

Cuando los soldados están apegados a su casa y combaten cerca de su hogar, pueden ser dispersados con facilidad.

Cuando penetras en un territorio ajeno, pero no lo haces en profundidad, a éste se le llama territorio ligero.

Esto significa que los soldados pueden regresar fácilmente.

El territorio que puede resultarte ventajoso si lo tomas, y ventajoso al enemigo si es él quien lo conquista, se llama terreno clave.

Un terreno de lucha inevitable es cualquier enclave defensivo o paso estratégico.

Un territorio igualmente accesible para ti y para los demás se llama terreno de comunicación.

El territorio que está rodeado por tres territorios rivales y es el primero en proporcionar libre acceso a él a todo el mundo se llama terreno de intersección.

El terreno de intersección es aquel en el que convergen las principales vías de comunicación uniéndolas entre sí: sé el primero en ocuparlo, y la gente tendrá que ponerse de tu lado. Si lo obtienes, te encuentras seguro; si lo pierdes, corres peligro.

Cuando penetras en profundidad en un territorio ajeno, y dejas detrás muchas ciudades y pueblos, a este terreno se le llama difícil.

Es un terreno del que es difícil regresar.

Cuando atraviesas montañas boscosas, desfiladeros abruptos u otros accidentes difíciles de atravesar, a esto se le llama terreno desfavorable.

Cuando el acceso es estrecho y la salida es tortuosa, de manera que una pequeña unidad enemiga puede atacarte, aunque tus tropas sean más numerosas, a éste se le llama terreno cercado.

Si eres capaz de una gran adaptación, puedes atravesar este territorio.

Si sólo puedes sobrevivir en un territorio luchando con rapidez, y si es fácil morir si no lo haces, a éste se le llama terreno mortal.

Las tropas que se encuentran en un terreno mortal están en la misma situación que si se encontraran en una barca que se hunde o en una casa ardiendo.

Así pues, no combatas en un terreno de dispersión, no te detengas en un terreno ligero, no ataques en un terreno clave (ocupado por el enemigo), no dejes que tus tropas sean divididas en un terreno de comunicación. En terrenos de intersección, establece comunicaciones; en terrenos difíciles, entra aprovisionado; en terrenos desfavorables, continúa marchando; en terrenos cercados, haz planes; en terrenos mortales, lucha.

En un terreno de dispersión, los soldados pueden huir. Un terreno ligero es cuando los soldados han penetrado en territorio enemigo, pero todavía no tienen las espaldas cubiertas: por eso, sus mentes no están realmente concentradas y no están listos para la batalla. No es ventajoso atacar al enemigo en un terreno clave; lo que es ventajoso es llegar el primero a él. No debe permitirse que quede aislado el terreno de comunicación, para poder servirse de las rutas de suministros. En terrenos de intersección, estarás a salvo si estableces alianzas; si las pierdes, te encontrarás en peligro. En terrenos difíciles, entrar aprovisionado significa reunir todo lo necesario para estar allí mucho tiempo. En terrenos desfavorables, ya que no puedes atrincherarte en ello, debes apresurarte a salir. En terrenos cercados, introduce tácticas sorpresivas.

Si las tropas caen en un terreno mortal, todo el mundo luchará de manera espontánea. Por esto se dice: "Sitúa a las tropas en un terreno mortal y sobrevivirán."

Los que eran antes considerados como expertos en el arte de la guerra eran capaces de hacer que el enemigo perdiera contacto entre su vanguardia y su retaguardia, la confianza entre las grandes y las pequeñas unidades, el interés recíproco por el bienestar de los diferentes rangos, el apoyo mutuo entre gobernantes y gobernados, el alistamiento de soldados y la coherencia de sus ejércitos. Estos expertos entraban en acción cuando les era ventajoso, y se retenían en caso contrario.

Introducían cambios para confundir al enemigo, atacándolos aquí y allá, aterrorizándolos y sembrando en ellos la confusión, de tal manera que no les daban tiempo para hacer planes.

Se podría preguntar cómo enfrentarse a fuerzas enemigas numerosas y bien organizadas que se dirigen hacia ti. La respuesta es quitarles en primer lugar algo que aprecien, y después te escucharán.

La rapidez de acción es el factor esencial de la condición de la fuerza militar, aprovechándose de los errores de los adversarios, desplazándose por caminos que no esperan y atacando cuando no están en guardia.

Esto significa que para aprovecharse de la falta de preparación, de visión y de cautela de los adversarios, es necesario actuar con rapidez, y que si dudas, esos errores no te servirán de nada.

En una invasión, por regla general, cuanto más se adentran los invasores en el territorio ajeno, más fuertes se hacen, hasta el punto de que el gobierno nativo no puede ya expulsarlos.

Escoge campos fértiles, y las tropas tendrán suficiente para comer. Cuida de su salud y evita el cansancio, consolida su energía, aumenta su fuerza. Que los movimientos de tus tropas y la preparación de tus planes sean insondables.

Consolida la energía más entusiasta de tus tropas, ahorra las fuerzas sobrantes, mantén en secreto tus formaciones y tus planes, permaneciendo insondable para los enemigos, y espera a que se produzca un punto vulnerable para avanzar.

Sitúa a tus tropas en un punto que no tenga salida, de manera que tengan que morir antes de poder escapar. Porque, ¿ante la posibilidad de la muerte, qué no estarán dispuestas a hacer? Los guerreros dan entonces lo mejor de sus fuerzas. Cuando se hallan ante un grave peligro, pierden el miedo. Cuando no hay ningún sitio a donde ir, permanecen firmes; cuando están totalmente implicados en un terreno, se aferran a él. Si no tienen otra opción, lucharán hasta el final.

Por esta razón, los soldados están vigilantes sin tener que ser estimulados, se alistan sin tener que ser llamados a filas, son amistosos sin necesidad de promesas, y se puede confiar en ellos sin necesidad de órdenes.

Esto significa que cuando los combatientes se encuentran en peligro de muerte, sea cual sea su rango, todos tienen el mismo objetivo, y, por lo tanto, están alerta sin necesidad de ser estimulados, tienen buena voluntad de manera espontánea y sin necesidad de recibir órdenes, y puede confiarse de manera natural en ellos sin promesas ni necesidad de jerarquía.

Prohíbe los augurios para evitar las dudas, y los soldados nunca te abandonarán. Si tus soldados no tienen riquezas, no es porque las desdeñen. Si no tienen más longevidad, no es porque no quieran vivir más tiempo. El día en que se da la orden de marcha, los soldados lloran.

Así pues, una operación militar preparada con pericia debe ser como una serpiente veloz que contraataca con su cola cuando alguien le ataca por la cabeza, contraataca con la cabeza cuando alguien le ataca por la cola y contraataca con cabeza y cola, cuando alguien le ataca por el medio.

Esta imagen representa el método de una línea de batalla que responde velozmente cuando es atacada. Un manual de ocho formaciones clásicas de batalla dice: "Haz del frente la retaguardia, haz de la retaguardia el frente, con cuatro cabezas y ocho colas. Haz que la cabeza esté en todas partes, y cuando el enemigo arremeta por el centro, cabeza y cola acudirán al rescate."

Puede preguntarse la cuestión de si es posible hacer que una fuerza militar sea como una serpiente rápida. La respuesta es afirmativa. Incluso las personas que se tienen antipatía, encontrándose en el mismo barco, se ayudarán entre sí en caso de peligro de zozobrar.

Es la fuerza de la situación la que hace que esto suceda.

Por esto, no basta con depositar la confianza en caballos atados y ruedas fijadas.

Se atan los caballos para formar una línea de combate estable, y se fijan las ruedas para hacer que los carros no se puedan mover. Pero aun así, esto no es suficientemente seguro ni se puede confiar en ello. Es necesario permitir que haya variantes a los cambios que se hacen, poniendo a los soldados en situaciones mortales, de manera que combatan de forma espontánea y se ayuden unos a otros codo con codo: éste es el camino de la seguridad y de la obtención de una victoria cierta.

La mejor organización es hacer que se exprese el valor y mantenerlo constante. Tener éxito tanto con tropas débiles como con tropas aguerridas se basa en la configuración de las circunstancias.

Si obtienes la ventaja del terreno, puedes vencer a los adversarios, incluso con tropas ligeras y débiles; ¿cuánto más te sería posible si tienes tropas poderosas y aguerridas? Lo que hace posible la victoria a ambas clases de tropas es las circunstancias del terreno.

Por lo tanto, los expertos en operaciones militares logran la cooperación de la tropa, de tal manera que dirigir un grupo es como dirigir a un solo individuo que no tiene más que una sola opción.

Corresponde al general ser tranquilo, reservado, justo y metódico.

Sus planes son tranquilos y absolutamente secretos para que nadie pueda descubrirlos. Su mando es justo y metódico, así que nadie se atreve a tomarlo a la ligera.

Puede mantener a sus soldados sin información y en completa ignorancia de sus planes.

Cambia sus acciones y revisa sus planes, de manera que nadie pueda reconocerlos. Cambia de lugar su emplazamiento y se desplaza por caminos sinuosos, de manera que nadie pueda anticiparse.

Puedes ganar cuando nadie puede entender en ningún momento cuáles son tus intenciones.

Dice un Gran Hombre: "El principal engaño que se valora en las operaciones militares no se dirige sólo a los enemigos, sino que empieza por las propias tropas, para hacer que le sigan a uno sin saber adónde van." Cuando un general fija una meta a sus tropas, es como el que sube a un lugar elevado y después retira la escalera. Cuando un general se adentra muy en el interior del territorio enemigo, está poniendo a prueba todo su potencial.

Ha hecho quemar las naves a sus tropas y destruir sus casas; así las conduce como un rebaño y todos ignoran hacia dónde se encaminan.

Incumbe a los generales reunir a los ejércitos y ponerlos en situaciones peligrosas. También han de examinar las adaptaciones a los diferentes terrenos, las ventajas de concentrarse o dispersarse, y las pautas de los sentimientos y situaciones humanas.

Cuando se habla de ventajas y de desventajas de la concentración y de la dispersión, quiere decir que las pautas de los comportamientos humanos cambian según los diferentes tipos de terreno.

En general, la pauta general de los invasores es unirse cuando están en el corazón del territorio enemigo, pero tienden a dispersarse cuando están en las franjas fronterizas. Cuando dejas tu territorio y atraviesas la frontera en una operación militar, te hayas en un terreno aislado.

Cuando es accesible desde todos los puntos, es un terreno de comunicación.

Cuando te adentras en profundidad, estás en un terreno difícil. Cuando penetras poco, estás en un terreno ligero.

Cuando a tus espaldas se hallen espesuras infranqueables y delante pasajes estrechos, estás en un terreno cercado.

Cuando no haya ningún sitio a donde ir, se trata de un terreno mortal.

Así pues, en un terreno de dispersión, yo unificaría las mentes de los soldados. En un terreno ligero, las mantendría en contacto. En un terreno clave, les haría apresurarse para tomarlo. En un terreno de intersección, prestaría atención a la defensa. En un terreno de comunicación, establecería sólidas alianzas. En un terreno difícil, aseguraría suministros continuados. En un terreno desfavorable, urgiría a mis tropas a salir rápidamente de él. En un terreno cercado, cerraría las entradas. En un terreno mortal, indicaría a mis tropas que no existe ninguna posibilidad de sobrevivir.

Por esto, la psicología de los soldados consiste en resistir cuando se ven rodeados, luchar cuando no se puede evitar, y obedecer en casos extremos.

Hasta que los soldados no se ven rodeados, no tienen la determinación de resistir al enemigo hasta alcanzar la victoria.

Cuando están desesperados, presentan una defensa unificada.

Por ello, los que ignoran los planes enemigos no pueden preparar alianzas.

Los que ignoran las circunstancias del terreno no pueden hacer maniobrar a sus fuerzas. Los que no utilizan guías locales no pueden aprovecharse del terreno. Los militares de un gobierno eficaz deben conocer todos estos factores.

Cuando el ejército de un gobierno eficaz ataca a un gran territorio, el pueblo no se puede unir. Cuando su poder sobrepasa a los adversarios, es imposible hacer alianzas.

Si puedes averiguar los planes de tus adversarios, aprovéchate del terreno y haz maniobrar al enemigo de manera que se encuentre indefenso; en este caso, ni siquiera un gran territorio puede reunir suficientes tropas para detenerte.

Por lo tanto, si no luchas por obtener alianzas, ni aumentas el poder de ningún país, pero extiendes tu influencia personal amenazando a los adversarios, todo ello hace que el país y las ciudades enemigas sean vulnerables.

Otorga recompensas que no estén reguladas y da órdenes desacostumbradas.

Considera la ventaja de otorgar recompensas que no tengan precedentes, observa cómo el enemigo hace promesas sin tener en cuenta los códigos establecidos.

Maneja las tropas como si fueran una sola persona. Empléalas en tareas reales, pero no les hables. Motívalas con recompensas, pero no les comentes los perjuicios posibles.

Emplea a tus soldados sólo en combatir, sin comunicarles tu estrategia. Déjales conocer los beneficios que les esperan, pero no les hables de los daños potenciales. Si la verdad se filtra, tu estrategia puede hundirse. Si los soldados empiezan a preocuparse, se volverán vacilantes y temerosos.

Colócalos en una situación de posible exterminio, y entonces lucharán para vivir. Ponles en peligro de muerte, y entonces sobrevivirán. Cuando las tropas afrontan peligros, son capaces de luchar para obtener la victoria.

Así pues, la tarea de una operación militar es fingir acomodarse a las intenciones del enemigo. Si te concentras totalmente en éste, puedes matar a su general aunque estés a kilómetros de distancia. A esto se llama cumplir el objetivo con pericia.

Al principio te acomodas a sus intenciones, después matas a sus generales: ésta es la pericia en el cumplimiento del objetivo.

Así, el día en que se declara la guerra, se cierran las fronteras, se rompen los salvoconductos y se impide el paso de emisarios.

Los asuntos se deciden rigurosamente desde que se comienza a planificar y establecer la estrategia desde la casa o cuartel general.

El rigor en los cuarteles generales en la fase de planificación se refiere al mantenimiento del secreto.

Cuando el enemigo ofrece oportunidades, aprovéchalas inmediatamente.

Entérate primero de lo que pretende, y después anticípate a él. Mantén la disciplina y adáptate al enemigo, para determinar el resultado de la guerra. Así, al principio eres como una doncella y el enemigo abre sus puertas; entonces, tú eres como una liebre suelta, y el enemigo no podrá expulsarte.

Sobre el arte de atacar por el fuego

Existen cinco clases de ataques mediante el fuego: quemar a las personas, quemar los suministros, quemar el equipo, quemar los almacenes y quemar las armas.

El uso del fuego tiene que tener una base, y exige ciertos medios. Existen momentos adecuados para encender fuegos, concretamente cuando el tiempo es seco y ventoso.

Normalmente, en ataques mediante el fuego es imprescindible seguir los cambios producidos por éste. Cuando el fuego está dentro del campamento enemigo, prepárate rápidamente desde fuera. Si los soldados se mantienen en calma cuando el fuego se ha declarado, espera y no ataques. Cuando el fuego alcance su punto álgido, síguelo, si puedes; si no, espera.

En general, el fuego se utiliza para sembrar la confusión en el enemigo y así poder atacarle.

Cuando el fuego puede ser prendido en campo abierto, no esperes a hacerlo en su interior; hazlo cuando sea oportuno.

Cuando el fuego sea atizado par el viento, no ataques en dirección contraria a éste.

No es eficaz luchar contra el ímpetu del fuego, porque el enemigo luchará en este caso hasta la muerte.

Si ha soplado el viento durante el día, a la noche amainará.

Un viento diurno cesará al anochecer; un viento nocturno cesará al amanecer.

Los ejércitos han de saber que existen variantes de las cinco clases de ataques mediante el fuego, y adaptarse a éstas de manera racional.

No basta saber cómo atacar a los demás con el fuego, es necesario saber cómo impedir que los demás te ataquen a ti.

Así pues, la utilización del fuego para apoyar un ataque significa claridad, y la utilización del agua para apoyar un ataque significa fuerza. El agua puede incomunicar, pero no puede arrasar.

El agua puede utilizarse para dividir a un ejército enemigo, de manera que su fuerza se desuna y la tuya se fortalezca.

Ganar combatiendo o llevar a cabo un asedio victorioso sin recompensar a los que han hecho méritos trae mala fortuna y se hace merecedor de ser llamado avaro. Por eso se dice que un gobierno esclarecido lo tiene en cuenta y que un buen mando militar recompensa el mérito. No moviliza a sus tropas cuando no hay ventajas que obtener, ni actúa cuando no hay nada que ganar, ni luchan cuando no existe peligro.

Las armas son instrumentos de mal augurio, y la guerra es un asunto peligroso. Es indispensable impedir una derrota desastrosa, y por lo tanto, no vale la pena movilizar un ejército por razones insignificantes: Las armas sólo deben utilizarse cuando no existe otro remedio.

Un gobierno no debe movilizar un ejército por ira, y los jefes militares no deben provocar la guerra por cólera.

Actúa cuando sea beneficioso; en caso contrario, desiste. La ira puede convertirse en alegría, y la cólera puede convertirse en placer, pero un pueblo destruido no puede hacérsele renacer, y la muerte no puede convertirse en vida. En consecuencia, un gobierno esclarecido presta atención a todo esto, y un buen mando militar lo tiene en cuenta. Ésta es la manera de mantener a la nación a salvo y de conservar intacto a su ejército.

Sun Tzu y El arte de la guerra

CAPITULO I

Sobre la evaluación

Sun Tzu dice: la guerra es de vital importancia para el Estado; es el dominio de la vida o de la muerte, el camino hacia la supervivencia o la pérdida del Imperio: es forzoso manejarla bien. No reflexionar seriamente sobre todo lo que le concierne es dar prueba de una culpable indiferencia en lo que respecta a la conservación o pérdida de lo que nos es más querido; y ello no debe ocurrir entre nosotros.

Hay que valorarla en términos de cinco factores fundamentales, y hacer comparaciones entre diversas condiciones de los bandos rivales, con vistas a determinar el resultado de la guerra. El primero de estos factores es la doctrina; el segundo, el tiempo; el tercero, el terreno; el cuarto, el mando; y el quinto, la disciplina.

La doctrina significa aquello que hace que el pueblo esté en armonía con su gobernante, de modo que le siga donde sea, sin temer por sus vidas ni a correr cualquier peligro.

El tiempo significa el Ying y el Yang, la noche y el día, el frío y el calor, días despejados o lluviosos, y el cambio de las estaciones.

El terreno implica las distancias, y hace referencia a dónde es fácil o difícil desplazarse, y si es campo abierto o lugares estrechos, y esto influencia las posibilidades de supervivencia.

El mando ha de tener como cualidades: sabiduría, sinceridad, benevolencia, coraje y disciplina.

Por último, la disciplina ha de ser comprendida como la organización del ejército, las graduaciones y rangos entre los oficiales, la regulación de las rutas de suministros, y la provisión de material militar al ejército.

Estos cinco factores fundamentales han de ser conocidos por cada general. Aquel que los domina, vence; aquel que no, sale derrotado. Por lo tanto, al trazar los planes, han de compararse los siguientes siete factores, valorando cada uno con el mayor cuidado:

¿Qué dirigente es más sabio y capaz?

¿Qué comandante posee el mayor talento?

¿Qué ejército obtiene ventajas de la naturaleza y el terreno?

¿En qué ejército se observan mejor las regulaciones y las instrucciones?

¿Qué tropas son más fuertes?

¿Qué ejército tiene oficiales y tropas mejor entrenadas?

¿Qué ejército administra recompensas y castigos de forma más justa?

Mediante el estudio de estos siete factores, seré capaz de adivinar cuál de los dos bandos saldrá victorioso y cual será derrotado.

El general que siga mi consejo, es seguro que vencerá. Ese general ha de ser mantenido al mando. Aquel que ignore mi consejo, ciertamente será derrotado. Ese debe ser destituido. Tras prestar atención a mi consejo y planes, el general debe crear una situación que contribuya a su cumplimiento. Por situación quiero decir que debe tomar en consideración la situación del campo, y actuar de acuerdo con lo que le es ventajoso. El arte de la guerra se basa en el engaño. Por lo tanto, cuando es capaz de atacar, ha de aparentar incapacidad; cuando las tropas se mueven, aparentar inactividad. Si está cerca del enemigo, ha de hacerle creer que está lejos; si está lejos, aparentar que se está cerca. Poner cebos para atraer al enemigo.

Golpear al enemigo cuando está desordenado. Prepararse contra él cuando está seguro en todas partes. Evitarle durante un tiempo cuando es más fuerte. Si tu oponente tiene un temperamento colérico, intenta irritarle. Si es arrogante, trata de fomentar su egoísmo.

Si las tropas enemigas se hallan bien preparadas tras una reorganización, intenta desordenarlas. Si están unidas, siembra la disensión entre sus filas. Ataca al enemigo cuando no está preparado, y aparece cuando no te espera. Estas son las claves de la victoria para el estratega.

Ahora, si las estimaciones realizadas antes de la batalla indican victoria, es porque los cálculos cuidadosamente realizados muestran que tus condiciones son más favorables que las condiciones del enemigo; si indican derrota, es porque muestran que las condiciones favorables para la batalla son menores. Con una evaluación cuidadosa, uno puede vencer; sin ella, no puede. Muchas menos oportunidades de victoria tendrá aquel que no realiza cálculos en absoluto.

Gracias a este método, se puede examinar la situación, y el resultado aparece claramente.

CAPITULO II

Sobre la iniciación de las acciones

Una vez comenzada la batalla, aunque estés ganando, de continuar por mucho tiempo, desanimará a tus tropas y embotará tu espada. Si estás sitiando una ciudad, agotarás tus fuerzas. Si mantienes a tu ejército durante mucho tiempo en campaña, tus suministros se agotarán.

Las armas son instrumentos de mala suerte; emplearlas por mucho tiempo producirá calamidades. Como se ha dicho: "Los que a hierro matan, a hierro mueren." Cuando tus tropas están desanimadas, tu espada embotada, agotadas tus fuerzas y tus suministros son escasos, hasta los tuyos se aprovecharán de tu debilidad para sublevarse. Entonces, aunque tengas consejeros sabios, al final no podrás hacer que las cosas salgan bien.

Por esta causa, he oído hablar de operaciones militares que han sido torpes y repentinas, pero nunca he visto a ningún experto en el arte de la guerra que mantuviese la campaña por mucho tiempo. Nunca es beneficioso para un país dejar que una operación militar se prolongue por mucho tiempo.

Como se dice comúnmente, sé rápido como el trueno que retumba antes de que hayas podido taparte los oídos, veloz como el relámpago que relumbra antes de haber podido pestañear.

Por lo tanto, los que no son totalmente conscientes de la desventaja de servirse de las armas no pueden ser totalmente conscientes de las ventajas de utilizarlas.

Los que utilizan los medios militares con pericia no activan a sus tropas dos veces, ni proporcionan alimentos en tres ocasiones, con un mismo objetivo.

Esto quiere decir que no se debe movilizar al pueblo más de una vez por campaña, y que inmediatamente después de alcanzar la victoria no se debe regresar al propio país para hacer una segunda movilización. Al principio esto significa proporcionar alimentos (para las propias tropas), pero después se quitan los alimentos al enemigo.

Si tomas los suministros de armas de tu propio país, pero quitas los alimentos al enemigo, puedes estar bien abastecido de armamento y de provisiones.

Cuando un país se empobrece a causa de las operaciones militares, se debe al transporte de provisiones desde un lugar distante. Si las transportas desde un lugar distante, el pueblo se empobrecerá.

Los que habitan cerca de donde está el ejército pueden vender sus cosechas a precios elevados, pero se acaba de este modo el bienestar de la mayoría de la población.

Cuando se transportan las provisiones muy lejos, la gente se arruina a causa del alto costo. En los mercados cercanos al ejército, los precios de las mercancías se aumentan. Por lo tanto, las largas campañas militares constituyen una lacra para el país.

Cuando se agotan los recursos, los impuestos se recaudan bajo presión. Cuando el poder y los recursos se han agotado, se arruina el propio país. Se priva al pueblo de gran parte de su presupuesto, mientras que los gastos del gobierno para armamentos se elevan.

Los habitantes constituyen la base de un país, los alimentos son la felicidad del pueblo. El príncipe debe respetar este hecho y ser sobrio y austero en sus gastos públicos.

En consecuencia, un general inteligente lucha por desproveer al enemigo de sus alimentos. Cada porción de alimentos tomados al enemigo equivale a veinte que te suministras a ti mismo.

Así pues, lo que arrasa al enemigo es la imprudencia, y la motivación de los tuyos en asumir los beneficios de los adversarios.

Cuando recompenses a tus hombres con los beneficios que ostentaban los adversarios los harás luchar por propia iniciativa, y así podrás tomar el poder y la influencia que tenía el enemigo. Es por esto par lo que se dice que donde hay grandes recompensas hay hombres valientes.

Por consiguiente, en una batalla de carros, recompensa primero al que tome al menos diez carros.

Si recompensas a todo el mundo, no habrá suficiente para todos, así pues, ofrece una recompensa a un soldado para animar a todos los demás. Cambia sus colores (de los soldados enemigos hechos prisioneros), utilízalos mezclados con los tuyos. Trata bien a los soldados y préstales atención. Los soldados prisioneros deben ser bien tratados, para conseguir que en el futuro luchen para ti. A esto se llama vencer al adversario e incrementar por añadidura tus propias fuerzas.

Si utilizas al enemigo para derrotar al enemigo, serás poderoso en cualquier lugar a donde vayas.

Así pues, lo más importante en una operación militar es la victoria y no la persistencia. Esta última no es beneficiosa. Un ejército es como el fuego: si no lo apagas, se consumirá por sí mismo.

Por lo tanto, sabemos que el que está a la cabeza del ejército está a cargo de las vidas de los habitantes y de la seguridad de la nación.

CAPITULO III

Sobre las proposiciones de la victoria y la derrota

Como regla general, es mejor conservar a un enemigo intacto que destruirlo. Capturar a sus soldados para conquistarlos y dominas a sus jefes.

Un General decía: "Practica las artes marciales, calcula la fuerza de tus adversarios, haz que pierdan su ánimo y dirección, de manera que aunque el ejército enemigo esté intacto sea inservible: esto es ganar sin violencia. Si destruyes al ejército enemigo y matas a sus generales, asaltas sus defensas disparando, reúnes a una muchedumbre y usurpas un territorio, todo esto es ganar por la fuerza."

Por esto, los que ganan todas las batallas no son realmente profesionales; los que consiguen que se rindan impotentes los ejércitos ajenos sin luchar son los mejores maestros del Arte de la Guerra.

Los guerreros superiores atacan mientras los enemigos están proyectando sus planes. Luego deshacen sus alianzas.

Por eso, un gran emperador decía: "El que lucha por la victoria frente a espadas desnudas no es un buen general." La peor táctica es atacar a una ciudad. Asediar, acorralar a una ciudad sólo se lleva a cabo como último recurso.

Emplea no menos de tres meses en preparar tus artefactos y otros tres para coordinar los recursos para tu asedio. Nunca se debe atacar por cólera y con prisas. Es aconsejable tomarse tiempo en la planificación y coordinación del plan.

Por lo tanto, un verdadero maestro de las artes marciales vence a otras fuerzas enemigas sin batalla, conquista otras ciudades sin asediarlas y destruye a otros ejércitos sin emplear mucho tiempo.

Un maestro experto en las artes marciales deshace los planes de los enemigos, estropea sus relaciones y alianzas, le corta los suministros o bloquea su camino, venciendo mediante estas tácticas sin necesidad de luchar.

Es imprescindible luchar contra todas las facciones enemigas para obtener una victoria completa, de manera que su ejército no quede acuartelado y el beneficio sea total. Esta es la ley del asedio estratégico.

La victoria completa se produce cuando el ejército no lucha, la ciudad no es asediada, la destrucción no se prolonga durante mucho tiempo, y en cada caso el enemigo es vencido por el empleo de la estrategia.

Así pues, la regla de la utilización de la fuerza es la siguiente: si tus fuerzas son diez veces superiores a las del adversario, rodéalo; si son cinco veces superiores, atácalo; si son dos veces superiores, divídelo.

Si tus fuerzas son iguales en número, lucha si te es posible. Si tus fuerzas son inferiores, mantente continuamente en guardia, pues el más pequeño fallo te acarrearía las peores consecuencias. Trata de mantenerte al abrigo y evita en lo posible un enfrentamiento abierto con él; la prudencia y la firmeza de un pequeño número de personas pueden llegar a cansar y a dominar incluso a numerosos ejércitos.

Este consejo se aplica en los casos en que todos los factores son equivalentes. Si tus fuerzas están en orden mientras que las suyas están inmersas en el caos, si tú y tus fuerzas están con ánimo y ellos desmoralizados, entonces, aunque sean más numerosos, puedes entrar en batalla. Si tus soldados, tus fuerzas, tu estrategia y tu valor son menores que las de tu adversario, entonces debes retirarte y buscar una salida.

En consecuencia, si el bando más pequeño es obstinado, cae prisionero del bando más grande.

Esto quiere decir que si un pequeño ejército no hace una valoración adecuada de su poder y se atreve a enemistarse con una gran potencia, por mucho que su defensa sea firme, inevitablemente se convertirá en conquistado. "Si no puedes ser fuerte, pero tampoco sabes ser débil, serás derrotado." Los generales son servidores del Pueblo. Cuando su servicio es completo, el Pueblo es fuerte. Cuando su servicio es defectuoso, el Pueblo es débil.

Así pues, existen tres maneras en las que un Príncipe lleva al ejército al desastre. Cuando un Príncipe, ignorando los hechos, ordena avanzar a sus ejércitos o retirarse cuando no deben hacerlo; a esto se le llama inmovilizar al ejército. Cuando un Príncipe ignora los asuntos militares, pero comparte en pie de igualdad el mando del ejército, los soldados acaban confusos. Cuando el Príncipe ignora cómo llevar a cabo las maniobras militares, pero comparte por igual su dirección, los soldados están vacilantes. Una vez que los ejércitos están confusos y vacilantes, empiezan los problemas procedentes de los adversarios. A esto se le llama perder la victoria por trastornar el aspecto militar.

Si intentas utilizar los métodos de un gobierno civil para dirigir una operación militar, la operación será confusa.

Triunfan aquellos que:

Saben cuándo luchar y cuándo no

Saben discernir cuándo utilizar muchas o pocas tropas.

Tienen tropas cuyos rangos superiores e inferiores tienen el mismo objetivo.

Se enfrentan con preparativos a enemigos desprevenidos.

Tienen generales competentes y no limitados por sus gobiernos civiles.

Estas cinco son las maneras de conocer al futuro vencedor.

Hablar de que el Príncipe sea el que da las órdenes en todo es como el General solicitarle permiso al Príncipe para poder apagar un fuego: para cuando sea autorizado, ya no quedan sino cenizas.

Si conoces a los demás y te conoces a ti mismo, ni en cien batallas correrás peligro; si no conoces a los demás, pero te conoces a ti mismo, perderás una batalla y ganarás otra; si no conoces a los demás ni te conoces a ti mismo, correrás peligro en cada batalla.

CAPITULO IV

Sobre la medida en la disposición de los medios

Antiguamente, los guerreros expertos se hacían a sí mismos invencibles en primer lugar, y después aguardaban para descubrir la vulnerabilidad de sus adversarios.

Hacerte invencible significa conocerte a ti mismo; aguardar para descubrir la vulnerabilidad del adversario significa conocer a los demás.

La invencibilidad está en uno mismo, la vulnerabilidad en el adversario.

Por esto, los guerreros expertos pueden ser invencibles, pero no pueden hacer que sus adversarios sean vulnerables.

Si los adversarios no tienen orden de batalla sobre el que informarse, ni negligencias o fallos de los que aprovecharse, ¿cómo puedes vencerlos aunque estén bien pertrechados? Por esto es por lo que se dice que la victoria puede ser percibida, pero no fabricada.

La invencibilidad es una cuestión de defensa, la vulnerabilidad, una cuestión de ataque.

Mientras no hayas observado vulnerabilidades en el orden de batalla de los adversarios, oculta tu propia formación de ataque, y prepárate para ser invencible, con la finalidad de preservarte. Cuando los adversarios tienen órdenes de batalla vulnerables, es el momento de salir a atacarlos.

La defensa es para tiempos de escasez, el ataque para tiempos de abundancia.

Los expertos en defensa se esconden en las profundidades de la tierra; los expertos en maniobras de ataque se esconden en las más elevadas alturas del cielo. De esta manera pueden protegerse y lograr la victoria total.

En situaciones de defensa, acalláis las voces y borráis las huellas, escondidos como fantasmas y espíritus bajo tierra, invisibles para todo el mundo. En situaciones de ataque, vuestro movimiento es rápido y vuestro grito fulgurante, veloz como el trueno y el relámpago, para los que no se puede uno preparar, aunque vengan del cielo.

Prever la victoria cuando cualquiera la puede conocer no constituye verdadera destreza. Todo el mundo elogia la victoria ganada en batalla, pero esa victoria no es realmente tan buena.

Todo el mundo elogia la victoria en la batalla, pero lo verdaderamente deseable es poder ver el mundo de lo sutil y darte cuenta del mundo de lo oculto, hasta el punto de ser capaz de alcanzar la victoria donde no existe forma.

No se requiere mucha fuerza para levantar un cabello, no es necesario tener una vista aguda para ver el sol y la luna, ni se necesita tener mucho oído para escuchar el retumbar del trueno.

Lo que todo el mundo conoce no se llama sabiduría; la victoria sobre los demás, obtenida por medio de la batalla no se considera una buena victoria.

En la antigüedad, los que eran conocidos como buenos guerreros vencían cuando era fácil vencer.

Si sólo eres capaz de asegurar la victoria tras enfrentarte a un adversario en un conflicto armado, esa victoria es una dura victoria. Si eres capaz de ver lo sutil y de darte cuenta de lo oculto, irrumpiendo antes del orden de batalla, la victoria así obtenida es una victoria fácil.

En consecuencia, las victorias de los buenos guerreros no destacan por su inteligencia o su bravura. Así pues, las victorias que ganan en batalla no son debidas a la suerte. Sus victorias no son casualidades, sino que son debidas a haberse situado previamente en posición de poder ganar con seguridad, imponiéndose sobre los que ya han perdido de antemano.

La gran sabiduría no es algo obvio, el mérito grande no se anuncia. Cuando eres capaz de ver lo sutil, es fácil ganar; ¿qué tiene esto que ver con la inteligencia o la bravura?

Cuando se resuelven los problemas antes de que surjan, ¿quién llama a esto inteligencia? Cuando hay victoria sin batalla, ¿quién habla de bravura?

Así pues, los buenos guerreros toman posición en un terreno en el que no pueden perder, y no pasan por alto las condiciones que hacen a su adversario proclive a la derrota.

En consecuencia, un ejército victorioso gana primero y entabla la batalla después; un ejército derrotado lucha primero e intenta obtener la victoria después.

Esta es la diferencia entre los que tienen estrategia y los que no tienen planes premeditados.

Los que utilizan bien las armas cultivan el Camino y observan las leyes. Así pueden gobernar prevaleciendo sobre los corruptos.

Servirse de la armonía para desvanecer la oposición, no atacar un ejército inocente, no hacer prisioneros o tomar botín par donde pasa el ejército, no cortar los árboles ni contaminar los pozos, limpiar y purificar los templos de las ciudades y montañas del camino que atraviesas, no repetir los errores de una civilización decadente, a todo esto se llama el Camino y sus leyes.

Cuando el ejército está estrictamente disciplinado, hasta el punto en que los soldados morirían antes que desobedecer las órdenes, y las recompensas y los castigos merecen confianza y están bien establecidos, cuando los jefes y oficiales son capaces de actuar de esta forma, pueden vencer a un Príncipe enemigo corrupto.

Las reglas militares son cinco: medición, valoración, cálculo, comparación y victoria. El terreno da lugar a las mediciones, éstas dan lugar a las valoraciones, las valoraciones a los cálculos, éstos a las comparaciones, y las comparaciones dan lugar a las victorias.

Mediante las comparaciones de las dimensiones puedes conocer dónde se haya la victoria o la derrota.

En consecuencia, un ejército victorioso es como un kilo comparado con un gramo; un ejército derrotado es como un gramo comparado con un kilo.

Cuando el que gana consigue que su pueblo vaya a la batalla como si estuviera dirigiendo una gran corriente de agua hacia un cañón profundo, esto es una cuestión de orden de batalla.

Cuando el agua se acumula en un cañón profundo, nadie puede medir su cantidad, lo mismo que nuestra defensa no muestra su forma. Cuando se suelta el agua, se precipita hacia abajo como un torrente, de manera tan irresistible como nuestro propio ataque.

CAPITULO V

Sobre la Fuerza

La fuerza es la energía acumulada o la que se percibe. Esto es muy cambiante. Los expertos son capaces de vencer al enemigo creando una percepción favorable en ellos, así obtener la victoria sin necesidad de ejercer su fuerza.

Gobernar sobre muchas personas como si fueran poco es una cuestión de dividirlas en grupos o sectores: es organización. Batallar contra un gran número de tropas como si fueran pocas es una cuestión de demostrar la fuerza, símbolos y señales.

Se refiere a lograr una percepción de fuerza y poder en la oposición. En el campo de batalla se refiere a las formaciones y banderas utilizadas para desplegar las tropas y coordinar sus movimientos.

Lograr que el ejército sea capaz de combatir contra el adversario sin ser derrotado es una cuestión de emplear métodos ortodoxos o heterodoxos.

La ortodoxia y la heterodoxia no es algo fijo, sino que se utilizan como un ciclo. Un emperador que fue un famoso guerrero y administrador, hablaba de manipular las percepciones de los adversarios sobre lo que es ortodoxo y heterodoxo, y después atacar inesperadamente, combinando ambos métodos hasta convertirlo en uno, volviéndose así indefinible para el enemigo.

Que el efecto de las fuerzas sea como el de piedras arrojadas sobre huevos, es una cuestión de lleno y vacío.

Cuando induces a los adversarios a atacarte en tu territorio, su fuerza siempre está vacía (en desventaja); mientras que no compitas en lo que son los mejores, tu fuerza siempre estará llena. Atacar con lo vacío contra lo lleno es como arrojar piedras sobre huevos: de seguro se rompen.

Cuando se entabla una batalla de manera directa, la victoria se gana por sorpresa.

El ataque directo es ortodoxo. El ataque indirecto es heterodoxo.

Sólo hay dos clases de ataques en la batalla: el extraordinario por sorpresa y el directo ordinario, pero sus variantes son innumerables. Lo ortodoxo y lo heterodoxo se originan recíprocamente, como un círculo sin comienzo ni fin; ¿quién podría agotarlos?

Cuando la velocidad del agua que fluye alcanza el punto en el que puede mover las piedras, ésta es la fuerza directa. Cuando la velocidad y maniobrabilidad del halcón es tal que puede atacar y matar, esto es precisión. Lo mismo ocurre con los guerreros expertos:

su fuerza es rápida, su precisión certera. Su fuerza es como disparar una catapulta, su precisión es dar en el objetivo previsto y causar el efecto esperado.

El desorden llega del orden, la cobardía surge del valor, la debilidad brota de la fuerza.

Si quieres fingir desorden para convencer a tus adversarios y distraerlos, primero tienes que organizar el orden, porque sólo entonces puedes crear un desorden artificial. Si quieres fingir cobardía para conocer la estrategia de los adversarios, primero tienes que ser extremadamente valiente, porque sólo entonces puedes actuar como tímido de manera artificial. Si quieres fingir debilidad para inducir la arrogancia en tus enemigos, primero has de ser extremadamente fuerte porque sólo entonces puedes pretender ser débil.

El orden y el desorden son una cuestión de organización; la cobardía es una cuestión valentía y la de ímpetu; la fuerza y la debilidad son una cuestión de la formación en la batalla.

Cuando un ejército tiene la fuerza del ímpetu (percepción), incluso el tímido se vuelve valiente, cuando pierde la fuerza del ímpetu, incluso el valiente se convierte en tímido. Nada está fijado en las leyes de la guerra: éstas se desarrollan sobre la base del ímpetu.

Con astucia se puede anticipar y lograr que los adversarios se convenzan a sí mismos cómo proceder y moverse; les ayuda a caminar por el camino que les traza. Hace moverse a los enemigos con la perspectiva del triunfo, para que caigan en la emboscada.

Los buenos guerreros buscan la efectividad en la batalla a partir de la fuerza del ímpetu (percepción) y no dependen sólo de la fuerza de sus soldados. Son capaces de escoger a la mejor gente, desplegarlos adecuadamente y dejar que la fuerza del ímpetu logre sus objetivos.

Cuando hay entusiasmo, convicción, orden, organización, recursos, compromiso de los soldados, tienes la fuerza del ímpetu, y el tímido es valeroso. Así es posible asignar a los soldados por sus capacidades, habilidades y encomendarle deberes y responsabilidades adecuadas. El valiente puede luchar, el cuidadoso puede hacer de centinela, y el inteligente puede estudiar, analizar y comunicar. Cada cual es útil.

Hacer que los soldados luchen permitiendo que la fuerza del ímpetu haga su trabajo es como hacer rodar rocas. Las rocas permanecen inmóviles cuando están en un lugar plano, pero ruedan en un plano inclinado; se quedan fijas cuando son cuadradas, pero giran si son redondas. Por lo tanto, cuando se conduce a los hombres a la batalla con astucia, el impulso es como rocas redondas que se precipitan montaña abajo: ésta es la fuerza que produce la victoria.

CAPITULO VI

Sobre lo lleno y lo vacío

Los que anticipan, se preparan y llegan primero al campo de batalla y esperan al adversario están en posición descansada; los que llegan los últimos al campo de batalla, los que improvisan y entablan la lucha quedan agotados.

Los buenos guerreros hacen que los adversarios vengan a ellos, y de ningún modo se dejan atraer fuera de su fortaleza.

Si haces que los adversarios vengan a ti para combatir, su fuerza estará siempre vacía. Si no sales a combatir, tu fuerza estará siempre llena. Este es el arte de vaciar a los demás y de llenarte a ti mismo.

Lo que impulsa a los adversarios a venir hacia ti por propia decisión es la perspectiva de ganar. Lo que desanima a los adversarios de ir hacia ti es la probabilidad de sufrir daños.

Cuando los adversarios están en posición favorable, debes cansarlos. Cuando están bien alimentados, cortar los suministros. Cuando están descansando, hacer que se pongan en movimiento.

Ataca inesperadamente, haciendo que los adversarios se agoten corriendo para salvar sus vidas. Interrumpe sus provisiones, arrasa sus campos y corta sus vías de aprovisionamiento. Aparece en lugares críticos y ataca donde menos se lo esperen, haciendo que tengan que acudir al rescate.

Aparece donde no puedan ir, se dirige hacia donde menos se lo esperen. Para desplazarte cientos de kilómetros sin cansancio, atraviesa tierras despobladas.

Atacar un espacio abierto no significa sólo un espacio en el que el enemigo no tiene defensa. Mientras su defensa no sea estricta - el lugar no esté bien guardado -, los enemigos se desperdigarán ante ti, como si estuvieras atravesando un territorio despoblado.

Para tomar infaliblemente lo que atacas, ataca donde no haya defensa. Para mantener una defensa infaliblemente segura, defiende donde no haya ataque.

Así, en el caso de los que son expertos en el ataque, sus enemigos no saben por dónde atacar.

Cuando se cumplen las instrucciones, las personas son sinceramente leales y comprometidas, los planes y preparativos para la defensa implantados con firmeza, siendo tan sutil y reservado que no se revelan las estrategias de ninguna forma, y los adversarios se sienten inseguros, y su inteligencia no les sirve para nada.

Sé extremadamente sutil, discreto, hasta el punto de no tener forma. Sé completamente misterioso y confidencial, hasta el punto de ser silencioso. De esta manera podrás dirigir el destino de tus adversarios.

Para avanzar sin encontrar resistencia, arremete por sus puntos débiles. Para retirarte de manera esquiva, sé más rápido que ellos.

Las situaciones militares se basan en la velocidad: llega como el viento, muévete como el relámpago, y los adversarios no podrán vencerte.

Por lo tanto, cuando quieras entrar en batalla, incluso si el adversario está atrincherado en una posición defensiva, no podrá evitar luchar si atacas en el lugar en el que debe acudir irremediablemente al rescate.

Cuando no quieras entrar en batalla, incluso si trazas una línea en el terreno que quieres conservar, el adversario no puede combatir contigo porque le das una falsa pista.

Esto significa que cuando los adversarios llegan para atacarte, no luchas con ellos, sino que estableces un cambio estratégico para confundirlos y llenarlos de incertidumbre.

Por consiguiente, cuando induces a otros a efectuar una formación, mientras que tú mismo permaneces sin forma, estás concentrado, mientras que tu adversario está dividido.

Haz que los adversarios vean como extraordinario lo que es ordinario para ti; haz que vean como ordinario lo que es extraordinario para ti. Esto es inducir al enemigo a efectuar una formación. Una vez vista la formación del adversario, concentras tus tropas contra él. Como tu formación no está a la vista, el adversario dividirá seguramente sus fuerzas.

Cuando estás concentrado formando una sola fuerza, mientras que el enemigo está dividido en diez, estás atacando a una concentración de uno contra diez, así que tus fuerzas superan a las suyas.

Si puedes atacar a unos pocos soldados con muchos, diezmarás el número de tus adversarios.

Cuando estás fuertemente atrincherado, te has hecho fuerte tras buenas barricadas, y no dejas filtrar ninguna información sobre tus fuerzas, sal afuera sin formación precisa, ataca y conquista de manera incontenible.

No han de conocer dónde piensas librar la batalla, porque cuando no se conoce, el enemigo destaca muchos puestos de vigilancia, y en el momento en el que se establecen numerosos puestos sólo tienes que combatir contra pequeñas unidades.

Así pues, cuando su vanguardia está preparada, su retaguardia es defectuosa, y cuando su retaguardia está preparada, su vanguardia presenta puntos débiles.

Las preparaciones de su ala derecha significarán carencia en su ala izquierda. Las preparaciones por todas partes significaran ser vulnerable por todas partes.

Esto significa que cuando las tropas están de guardia en muchos lugares, están forzosamente desperdigadas en pequeñas unidades.

Cuando se dispone de pocos soldados se está a la defensiva contra el adversario el que dispone de muchos hace que el enemigo tenga que defenderse.

Cuantas más defensas induces a adoptar a tu enemigo, más debilitado quedará.

Así, si conoces el lugar y la fecha de la batalla, puedes acudir a ella aunque estés a mil kilómetros de distancia. Si no conoces el lugar y la fecha de la batalla, entonces tu flanco izquierdo no puede salvar al derecho, tu vanguardia no puede salvar a tu retaguardia, y tu retaguardia no puede salvar a tu vanguardia, ni siquiera en un territorio de unas pocas docenas de kilómetros.

Si tienes muchas más tropas que los demás, ¿cómo puede ayudarte este factor para obtener la victoria?

Si no conoces el lugar y la fecha de la batalla, aunque tus tropas sean más numerosas que las de ellos, ¿cómo puedes saber si vas a ganar o a perder?

Así pues, se dice que la victoria puede ser creada.

Si haces que los adversarios no sepan el lugar y la fecha de la batalla, siempre puedes vencer.

Incluso si los enemigos son numerosos, puede hacerse que no entren en combate.

Por tanto, haz tu valoración sobre ellos para averiguar sus planes, y determinar qué estrategia puede tener éxito y cuál no. Incítalos a la acción para descubrir cuál es el esquema general de sus movimientos y descansa.

Haz algo por o en contra de ellos para su atención, de manera que puedas de ellos para atraer descubrir sus hábitos de comportamiento de ataque y de defensa.

Indúcelos a adoptar formaciones específicas, para conocer sus puntos flacos.

Esto significa utilizar muchos métodos para confundir y perturbar al enemigo con el objetivo de observar sus formas de respuesta hacia ti; después de haberlas observado, actúas en consecuencia, de manera que puedes saber qué clase de situaciones significan vida y cuáles significan muerte.

Pruébalos para averiguar sus puntos fuertes y sus puntos débiles. Por lo tanto, el punto final de la formación de un ejército es llegar a la no forma. Cuando no tienes forma, los informadores no pueden descubrir nada, ya que la información no puede crear una estrategia.

Una vez que no tienes forma perceptible, no dejas huellas que puedan ser seguidas, los informadores no encuentran ninguna grieta por donde mirar y los que están a cargo de la planificación no pueden establecer ningún plan realizable.

La victoria sobre multitudes mediante formaciones precisas debe ser desconocida por las multitudes. Todo el mundo conoce la forma mediante la que resultó vencedor, pero nadie conoce la forma mediante la que aseguró la victoria.

En consecuencia, la victoria en la guerra no es repetitiva, sino que adapta su forma continuamente.

Determinar los cambios apropiados, significa no repetir las estrategias previas para obtener la victoria. Para lograrla, puedo adaptarme desde el principio a cualquier formación que los adversarios puedan adoptar.

Las formaciones son como el agua: la naturaleza del agua es evitar lo alto e ir hacia abajo; la naturaleza de los ejércitos es evitar lo lleno y atacar lo vacío; el flujo del agua está determinado par la tierra; la victoria viene determinada por el adversario.

Así pues, un ejército no tiene formación constante, lo mismo que el agua no tiene forma constante: se llama genio a la capacidad de obtener la victoria cambiando y adaptándose según el enemigo.

CAPITULO VII

Sobre el enfrentamiento directo e indirecto

La regla ordinaria para el uso del ejército es que el mando del ejército reciba órdenes de las autoridades civiles y después reúne y concentra a las tropas, acuartelándolas juntas. Nada es más difícil que la lucha armada.

Luchar con otros cara a cara para conseguir ventajas es lo más arduo del mundo.

La dificultad de la lucha armada es hacer cercanas las distancias largas y convertir los problemas en ventajas.

Mientras que das la apariencia de estar muy lejos, empiezas tu camino y llegas antes que el enemigo.

Por lo tanto, haces que su ruta sea larga, atrayéndole con la esperanza de ganar. Cuando emprendes la marcha después que los otros y llegas antes que ellos, conoces la estrategia de hacer que las distancias sean cercanas.

Sírvete de una unidad especial para engañar al enemigo atrayéndole a una falsa persecución, haciéndole creer que el grueso de tus fuerzas está muy lejos; entonces, lanzas una fuerza de ataque sorpresa que llega antes, aunque emprendió el camino después.

Por consiguiente, la lucha armada puede ser provechosa y puede ser peligrosa.

Para el experto es provechosa, para el inexperto peligrosa.

Movilizar a todo el ejército para el combate en aras de obtener alguna ventaja tomaría mucho tiempo, pero combatir por una ventaja con un ejército incompleto tendría como resultado una falta de recursos.

Si te movilizas rápidamente y sin parar día y noche, recorriendo el doble de la distancia habitual, y si luchas por obtener alguna ventaja a miles de kilómetros, tus jefes militares serán hechos prisioneros. Los soldados que sean fuertes llegarán allí primero, los más cansados llegarán después - como regla general, sólo lo conseguirá uno de cada diez.

Cuando la ruta es larga las tropas se cansan; si han gastado su fuerza en la movilización, llegan agotadas mientras que sus adversarios están frescos; así pues, es seguro que serán atacadas.

Combatir por una ventaja a cincuenta kilómetros de distancia frustrará los planes del mando, y, como regla general, sólo la mitad de los soldados lo harán.

Si se combate por obtener una ventaja a treinta kilómetros de distancia, sólo dos de cada tres soldados los recorrerán.

Así pues, un ejército perece si no está equipado, si no tiene provisiones o si no tiene dinero.

Estas tres cosas son necesarias: no puedes combatir para ganar con un ejército no equipado, o sin provisiones, lo que el dinero facilita.

Por tanto, si ignoras los planes de tus rivales, no puedes hacer alianzas precisas.

A menos que conozcas las montañas y los bosques, los desfiladeros y los pasos, y la condición de los pantanos, no puedes maniobrar con una fuerza armada. A menos que utilices guías locales, no puedes aprovecharte de las ventajas del terreno.

Sólo cuando conoces cada detalle de la condición del terreno puedes maniobrar y guerrear.

Por consiguiente, una fuerza militar se usa según la estrategia prevista, se moviliza mediante la esperanza de recompensa, y se adapta mediante la división y la combinación.

Una fuerza militar se establece mediante la estrategia en el sentido de que distraes al enemigo para que no pueda conocer cuál es tu situación real y no pueda imponer su supremacía. Se moviliza mediante la esperanza de recompensa, en el sentido de que entra en acción cuando ve la posibilidad de obtener una ventaja. Dividir y volver a hacer combinaciones de tropas se hace para confundir al adversario y observar cómo reacciona frente a ti; de esta manera puedes adaptarte para obtener la victoria.

Por eso, cuando una fuerza militar se mueve con rapidez es como el viento; cuando va lentamente es como el bosque; es voraz como el fuego e inmóvil como las montañas.

Es rápida como el viento en el sentido que llega sin avisar y desaparece como el relámpago. Es como un bosque porque tiene un orden. Es voraz como el fuego que devasta una planicie sin dejar tras sí ni una brizna de hierba. Es inmóvil como una montaña cuando se acuartela.

Es tan difícil de conocer como la oscuridad; su movimiento es como un trueno que retumba.

Para ocupar un lugar, divide a tus tropas. Para expandir tu territorio, divide los beneficios.

La regla general de las operaciones militares es desproveer de alimentos al enemigo todo lo que se pueda. Sin embargo, en localidades donde la gente no tiene mucho, es necesario dividir a las tropas en grupos más pequeños para que puedan tomar en diversas partes lo que necesitan, ya que sólo así tendrán suficiente.

En cuanto a dividir el botín, significa que es necesario repartirlo entre las tropas para guardar lo que ha sido ganado, no dejando que el enemigo lo recupere.

Actúa después de haber hecho una estimación. Gana el que conoce primero la medida de lo que está lejos y lo que está cerca: ésta es la regla general de la lucha armada.

El primero que hace el movimiento es el "invitado", el último es el "anfitrión". El "invitado" lo tiene difícil, el "anfitrión lo tiene fácil". Cerca y lejos significan desplazamiento: el cansancio, el hambre y el frío surgen del desplazamiento.

Un antiguo libro que trata de asuntos militares dice: "Las palabras no son escuchadas, par eso se hacen los símbolos y los tambores. Las banderas y los estandartes se hacen a causa de la ausencia de visibilidad." Símbolos, tambores, banderas y estandartes se utilizan para concentrar y unificar los oídos y los ojos de los soldados. Una vez que están unificados, el valiente no puede actuar solo, ni el tímido puede retirarse solo: ésta es la regla general del empleo de un grupo.

Unificar los oídos y los ojos de los soldados significa hacer que miren y escuchen al unísono de manera que no caigan en la confusión y el desorden. La señales se utilizan para indicar direcciones e impedir que los individuos vayan a donde se les antoje.

Así pues, en batallas nocturnas, utiliza fuegos y tambores, y en batallas diurnas sírvete de banderas y estandartes, para manipular los oídos y los ojos de los soldados.

Utiliza muchas señales para confundir las percepciones del enemigo y hacerle temer tu temible poder militar.

De esta forma, haces desaparecer la energía de sus ejércitos y desmoralizas a sus generales.

En primer lugar, has de ser capaz de mantenerte firme en tu propio corazón; sólo entonces puedes desmoralizar a los generales enemigos. Por esto, la tradición afirma que los habitantes de otros tiempos tenían la firmeza para desmoralizar, y la antigua ley de los que conducían carros de combate decía que cuando la mente original es firme, la energía fresca es victoriosa.

De este modo, la energía de la mañana está llena de ardor, la del mediodía decae y la energía de la noche se retira; en consecuencia, los expertos en el manejo de las armas prefieren la energía entusiasta, atacan la decadente y la que se bate en retirada. Son ellos los que dominan la energía.

Cualquier débil en el mundo se dispone a combatir en un minuto si se siente animado, pero cuando se trata realmente de tomar las armas y de entrar en batalla, es poseído por la energía; cuando esta energía se desvanece, se detendrá, estará asustado y se arrepentirá de haber comenzado. La razón por la que esa clase de ejércitos miran por encima del hombro a enemigos fuertes, lo mismo que miran a las doncellas vírgenes, es porque se están aprovechando de su agresividad, estimulada por cualquier causa.

Utilizar el orden para enfrentarse al desorden, utilizar la calma para enfrentarse con los que se agitan, esto es dominar el corazón.

A menos que tu corazón esté totalmente abierto y tu mente en orden, no puedes esperar ser capaz de adaptarte a responder sin límites, a manejar los acontecimientos de manera infalible, a enfrentarte a dificultades graves e inesperadas sin turbarte, dirigiendo cada cosa sin confusión.

Dominar la fuerza es esperar a los que vienen de lejos, aguardar con toda comodidad a los que se han fatigado, y con el estómago saciado a los hambrientos.

Esto es lo que se quiere decir cuando se habla de atraer a otros hacia donde estás, al tiempo que evitas ser inducido a ir hacia donde están ellos.

Evitar la confrontación contra formaciones de combate bien ordenadas y no atacar grandes batallones constituye el dominio de la adaptación.

Por tanto, la regla general de las operaciones militares es no enfrentarse a una gran montaña ni oponerse al enemigo de espaldas a ésta.

Esto significa que si los adversarios están en un terreno elevado, no debes atacarles cuesta arriba, y que cuando efectúan una carga cuesta abajo, no debes hacerles frente.

No persigas a los enemigos cuando finjan una retirada, ni ataques tropas expertas.

Si los adversarios huyen de repente antes de agotar su energía, seguramente hay emboscadas esperándote para atacar a tus tropas; en este caso, debes retener a tus oficiales para que no se lancen en su persecución.

No consumas la comida de sus soldados.

Si el enemigo abandona de repente sus provisiones, éstas han de ser probadas antes de ser comidas, por si están envenenadas.

No detengas a ningún ejército que esté en camino a su país.

Bajo estas circunstancias, un adversario luchará hasta la muerte. Hay que dejarle una salida a un ejército rodeado.

Muéstrales una manera de salvar la vida para que no estén dispuestos a luchar hasta la muerte, y así podrás aprovecharte para atacarles.

No presiones a un enemigo desesperado.

Un animal agotado seguirá luchando, pues esa es la ley de la naturaleza.

Estas son las leyes de las operaciones militares.

CAPITULO VIII

Sobre los nueve cambios

Por lo general, las operaciones militares están bajo el del gobernante civil para dirigir al ejército.

El General no debe levantar su campamento en un terreno difícil. Deja que se establezcan relaciones diplomáticas en las fronteras. No permanezcas en un territorio árido ni aislado.

Cuando te halles en un terreno cerrado, prepara alguna estrategia y muévete. Cuando te halles en un terreno mortal, lucha.

Terreno cerrado significa que existen lugares escarpados que te rodean por todas partes, de manera que el enemigo tiene movilidad, que puede llegar e irse con libertad, pero a ti te es difícil salir y volver.

Cada ruta debe ser estudiada para que sea la mejor. Hay rutas que no debes usar, ejércitos que no han de ser atacados, ciudades que no deben ser rodeadas, terrenos sobre los que no se debe combatir, y órdenes de gobernantes civiles que no deben ser obedecidas.

En consecuencia, los generales que conocen las variables posibles para aprovecharse del terreno sabe cómo manejar las fuerzas armadas. Si los generales no saben cómo adaptarse de manera ventajosa, aunque conozcan la condición del terreno, no pueden aprovecharse de él.

Si están al mando de ejércitos, pero ignoran las artes de la total adaptabilidad, aunque conozcan el objetivo a lograr, no pueden hacer que los soldados luchen por él.

Si eres capaz de ajustar la campaña cambiar conforme al ímpetu de las fuerzas, entonces la ventaja no cambia, y los únicos que son perjudicados son los enemigos. Por esta razón, no existe una estructura permanente. Si puedes comprender totalmente este principio, puedes hacer que los soldados actúen en la mejor forma posible.

Por lo tanto, las consideraciones de la persona inteligente siempre incluyen el analizar objetivamente el beneficio y el daño. Cuando considera el beneficio, su acción se expande; cuando considera el daño, sus problemas pueden resolverse.

El beneficio y el daño son interdependientes, y los sabios los tienen en cuenta.

Por ello, lo que retiene a los adversarios es el daño, lo que les mantiene ocupados es la acción, y lo que les motiva es el beneficio.

Cansa a los enemigos manteniéndolos ocupados y no dejándoles respirar. Pero antes de lograrlo, tienes que realizar previamente tu propia labor. Esa labor consiste en desarrollar un ejército fuerte, un pueblo próspero, una sociedad armoniosa y una manera ordenada de vivir.

Así pues, la norma general de las operaciones militares consiste en no contar con que el enemigo no acuda, sino confiar en tener los medios de enfrentarte a él; no contar con que el adversario no ataque, sino confiar en poseer lo que no puede ser atacado.

Si puedes recordar siempre el peligro cuando estás a salvo y el caos en tiempos de orden, permanece atento al peligro y al caos mientras no tengan todavía forma, y evítalos antes de que se presenten; ésta es la mejor estrategia de todas.

Por esto, existen cinco rasgos que son peligrosos en los generales. Los que están dispuestos a morir, pueden perder la vida; los que quieren preservar la vida, pueden ser hechos prisioneros; los que son dados a los apasionamientos irracionales, pueden ser ridiculizados; los que son muy puritanos, pueden ser deshonrados; los que son compasivos, pueden ser turbados.

Si te presentas en un lugar que con toda seguridad los enemigos se precipitarán a defender, las personas compasivas se apresurarán invariablemente a rescatar a sus habitantes, causándose a sí mismos problemas y cansancio.

Estos son cinco rasgos que constituyen defectos en los generales y que son desastrosos para las operaciones militares. Los buenos generales son de otra manera: se comprometen hasta la muerte, pero no se aferran a la esperanza de sobrevivir; actúan de acuerdo con los acontecimientos, en forma racional y realista, sin dejarse llevar por las emociones ni estar sujetos a quedar confundidos. Cuando ven una buena oportunidad, son como tigres, en caso contrario cierran sus puertas. Su acción y su no acción son cuestiones de estrategia, y no pueden ser complacidos ni enfadados.

CAPITULO IX

Sobre la distribución de los medios

Las maniobras militares son el resultado de los planes y las estrategias en la manera más ventajosa para ganar. Determinan la movilidad y efectividad de las tropas.

Si vas a colocar tu ejército en posición de observar al enemigo, atraviesa rápido las montañas y vigílalos desde un valle.

Considera el efecto de la luz y mantente en la posición más elevada del valle. Cuando combatas en una montaña, ataca desde arriba hacia abajo y no al revés.

Combate estando cuesta abajo y nunca cuesta arriba. Evita que el agua divida tus fuerzas, aléjate de las condiciones desfavorables lo antes que te sea posible. No te enfrentes a los enemigos dentro del agua; es conveniente dejar que pasen la mitad de sus tropas y en ese momento dividirlas y atacarlas.

No te sitúes río abajo. No camines en contra de la corriente, ni en contra del viento.

Si acampas en la ribera de un río, tus ejércitos pueden ser sorprendidos de noche, empujados a ahogarse o se les puede colocar veneno en la corriente. Tus barcas no deben ser amarradas corriente abajo, para impedir que el enemigo aproveche la corriente lanzando sus barcas contra ti. Si atraviesas pantanos, hazlo rápidamente. Si te encuentras frente a un ejército en media de un pantano, permanece cerca de sus plantas acuáticas, o respaldado por los árboles.

En una llanura, toma posiciones desde las que sea fácil maniobrar, manteniendo las elevaciones del terreno detrás y a tu derecha, estando las partes más bajas delante y las más altas detrás.

Generalmente, un ejército prefiere un terreno elevado y evita un terreno bajo, aprecia la luz y detesta la oscuridad.

Los terrenos elevados son estimulantes, y por lo tanto, la gente se halla a gusto en ellos, además son convenientes para adquirir la fuerza del ímpetu. Los terrenos bajos son húmedos, lo cual provoca enfermedades y dificulta el combate.

Cuida de la salud física de tus soldados con los mejores recursos disponibles.

Cuando no existe la enfermedad en un ejército, se dice que éste es invencible.

Donde haya montículos y terraplenes, sitúate en su lado soleado, manteniéndolos siempre a tu derecha y detrás.

Colocarse en la mejor parte del terreno es ventajoso para una fuerza militar.

La ventaja en una operación militar consiste en aprovecharse de todos los factores beneficiosos del terreno.

Cuando llueve río arriba y la corriente trae consigo la espuma, si quieres cruzarlo, espera a que escampe.

Siempre que un terreno presente barrancos infranqueables, lugares cerrados, trampas, riesgos, grietas y prisiones naturales, debes abandonarlo rápidamente y no acercarte a él. En lo que a mí concierne, siempre me mantengo alejado de estos accidentes del terreno, de manera que los adversarios estén más cerca que yo de ellos; doy la cara a estos accidentes, de manera que queden a espaldas del enemigo.

Entonces estás en situación ventajosa, y él tiene condiciones desfavorables.

Cuando un ejército se está desplazando, si atraviesa territorios montañosos con muchas corrientes de agua y pozos, o pantanos cubiertos de juncos, o bosques vírgenes llenos de árboles y vegetación, es imprescindible escudriñarlos totalmente y con cuidado, ya que estos lugares ayudan a las emboscadas y a los espías.

Es esencial bajar del caballo y escudriñar el terreno, por si existen tropas escondidas para tenderte una emboscada. También podría ser que hubiera espías al acecho observándote y escuchando tus instrucciones y movimientos.

Cuando el enemigo está cerca, pero permanece en calma, quiere decir que se halla en una posición fuerte. Cuando está lejos pero intenta provocar hostilidades, quiere que avances. Si, además, su posición es accesible, eso quiere decir que le es favorable.

Si un adversario no conserva la posición que le es favorable por las condiciones del terreno y se sitúa en otro lugar conveniente, debe ser porque existe alguna ventaja táctica para obrar de esta manera.

Si se mueven los árboles, es que el enemigo se está acercando. Si hay obstáculos entre los matorrales, es que has tomado un mal camino.

La idea de poner muchos obstáculos entre la maleza es hacerte pensar que existen tropas emboscadas escondidas en medio de ella.

Si los pájaros alzan el vuelo, hay tropas emboscadas en el lugar. Si los animales están asustados, existen tropas atacantes. Si se elevan columnas de polvo altas y espesas, hay carros que se están acercando; si son bajas y anchas, se acercan soldados a pie. Humaredas esparcidas significan que se está cortando leña. Pequeñas polvaredas que van y vienen indican que hay que levantar el campamento.

Si los emisarios del enemigo pronuncian palabras humildes mientras que éste incrementa sus preparativos de guerra, esto quiere decir que va a avanzar. Cuando se pronuncian palabras altisonantes y se avanza ostentosamente, es señal de que el enemigo se va a retirar.

Si sus emisarios vienen con palabras humildes, envía espías para observar al enemigo y comprobarás que está aumentando sus preparativos de guerra.

Cuando los carros ligeros salen en primer lugar y se sitúan en los flancos, están estableciendo un frente de batalla.

Si los emisarios llegan pidiendo la paz sin firmar un tratado, significa que están tramando algún complot.

Si el enemigo dispone rápidamente a sus carros en filas de combate, es que está esperando refuerzos.

No se precipitarán para un encuentro ordinario si no entienden que les ayudará, o debe haber una fuerza que se halla a distancia y que es esperada en un determinado momento para unir sus tropas y atacarte. Conviene anticipar, prepararse inmediatamente para esta eventualidad.

Si la mitad de sus tropas avanza y la otra mitad retrocede, es que el enemigo piensa atraerte a una trampa.

El enemigo está fingiendo en este caso confusión y desorden para incitarte a que avances.

Si los soldados enemigos se apoyan unos en otros, es que están hambrientos.

Si los aguadores beben en primer lugar, es que las tropas están sedientas.

Si el enemigo ve una ventaja pero no la aprovecha, es que está cansado.

Si los pájaros se reúnen en el campo enemigo, es que el lugar está vacío.

Si hay pájaros sobrevolando una ciudad, el ejército ha huido.

Si se producen llamadas nocturnas, es que los soldados enemigos están atemorizados. Tienen miedo y están inquietos, y por eso se llaman unos a otros.

Si el ejército no tiene disciplina, esto quiere decir que el general no es tomado en serio.

Si los estandartes se mueven, es que está sumido en la confusión.

Las señales se utilizan para unificar el grupo; así pues, si se desplaza de acá para allá sin orden ni concierto, significa que sus filas están confusas.

Si sus emisarios muestran irritación, significa que están cansados.

Si matan sus caballos para obtener carne, es que los soldados carecen de alimentos; cuando no tienen marmitas y no vuelven a su campamento, son enemigos completamente desesperados.

Si se producen murmuraciones, faltas de disciplina y los soldados hablan mucho entre sí, quiere decir que se ha perdido la lealtad de la tropa.

Las murmuraciones describen la expresión de los verdaderos sentimientos; las faltas de disciplina indican problemas con los superiores. Cuando el mando ha perdido la lealtad de las tropas, los soldados se hablan con franqueza entre sí sobre los problemas con sus superiores.

Si se otorgan numerosas recompensas, es que el enemigo se halla en un callejón sin salida; cuando se ordenan demasiados castigos, es que el enemigo está desesperado.

Cuando la fuerza de su ímpetu está agotada, otorgan constantes recompensas para tener contentos a los soldados, para evitar que se rebelen en masa. Cuando los soldados están tan agotados que no pueden cumplir las órdenes, son castigados una y otra vez para restablecer la autoridad.

Ser violento al principio y terminar después temiendo a los propios soldados es el colmo de la ineptitud.

Los emisarios que acuden con actitud conciliatoria indican que el enemigo quiere una tregua.

Si las tropas enemigas se enfrentan a ti con ardor, pero demoran el momento de entrar en combate sin abandonar no obstante el terreno, has de observarlos cuidadosamente.

Están preparando un ataque por sorpresa.

En asuntos militares, no es necesariamente más beneficioso ser superior en fuerzas, sólo evitar actuar con violencia innecesaria; es suficiente con consolidar tu poder, hacer estimaciones sobre el enemigo y conseguir reunir tropas; eso es todo.

El enemigo que actúa aisladamente, que carece de estrategia y que toma a la ligera a sus adversarios, inevitablemente acabará siendo derrotado.

Si tu plan no contiene una estrategia de retirada o posterior al ataque, sino que confías exclusivamente en la fuerza de tus soldados, y tomas a la ligera a tus adversarios sin valorar su condición, con toda seguridad caerás prisionero.

Si se castiga a los soldados antes de haber conseguido que sean leales al mando, no obedecerán, y si no obedecen, serán difíciles de emplear.

Tampoco podrán ser empleados si no se lleva a cabo ningún castigo, incluso después de haber obtenido su lealtad.

Cuando existe un sentimiento subterráneo de aprecio y confianza, y los corazones de los soldados están ya vinculados al mando, si se relaja la disciplina, los soldados se volverán arrogantes y será imposible emplearlos.

Por lo tanto, dirígelos mediante el arte civilizado y unifícalos mediante las artes marciales; esto significa una victoria continua.

Arte civilizado significa humanidad, y artes marciales significan reglamentos. Mándalos con humanidad y benevolencia, unifícalos de manera estricta y firme. Cuando la benevolencia y la firmeza son evidentes, es posible estar seguro de la victoria.

Cuando las órdenes se dan de manera clara, sencilla y consecuente a las tropas, éstas las aceptan. Cuando las órdenes son confusas, contradictorias y cambiantes las tropas no las aceptan o no las entienden.

Cuando las órdenes son razonables, justas, sencillas, claras y consecuentes, existe una satisfacción recíproca entre el líder y el grupo.

CAPITULO X

Sobre la topología

Algunos terrenos son fáciles, otros difíciles, algunos neutros, otros estrechos, accidentados o abiertos.
Cuando el terreno sea accesible, sé el primero en establecer tu posición, eligiendo las alturas soleadas; una posición que sea adecuada para transportar los suministros; así tendrás ventaja cuando libres la batalla.

Cuando estés en un terreno difícil de salir, estás limitado. En este terreno, si tu enemigo no está preparado, puedes vencer si sigues adelante, pero si el enemigo está preparado y sigues adelante, tendrás muchas dificultades para volver de nuevo a él, lo cual jugará en contra tuya.

Cuando es un terreno desfavorable para ambos bandos, se dice que es un terreno neutro. En un terreno neutro, incluso si el adversario te ofrece una ventaja, no te aproveches de ella: retírate, induciendo a salir a la mitad de las tropas enemigas, y entonces cae sobre él aprovechándote de esta condición favorable.

En un terreno estrecho, si eres el primero en llegar, debes ocuparlo totalmente y esperar al adversario. Si él llega antes, no lo persigas si bloquea los desfiladeros. Persíguelo sólo si no los bloquea.

En terreno accidentado, si eres el primero en llegar, debes ocupar sus puntos altos y soleados y esperar al adversario. Si éste los ha ocupado antes, retírate y no lo persigas.

En un terreno abierto, la fuerza del ímpetu se encuentra igualada, y es difícil provocarle a combatir de manera desventajosa para él.

Entender estas seis clases de terreno es la responsabilidad principal del general, y es imprescindible considerarlos.

Éstas son las configuraciones del terreno; los generales que las ignoran salen derrotados.

Así pues, entre las tropas están las que huyen, la que se retraen, las que se derrumban, las que se rebelan y las que son derrotadas. Ninguna de estas circunstancias constituye desastres naturales, sino que son debidas a los errores de los generales.

Las tropas que tienen el mismo ímpetu, pero que atacan en proporción de uno contra diez, salen derrotadas. Los que tienen tropas fuertes pero cuyos oficiales son débiles, quedan retraídos.

Los que tienen soldados débiles al mando de oficiales fuertes, se verán en apuros. Cuando los oficiales superiores están encolerizados y son violentos, y se enfrentan al enemigo por su cuenta y por despecho, y cuando los generales ignoran sus capacidades, el ejército se desmoronará.

Como norma general, para poder vencer al enemigo, todo el mando militar debe tener una sola intención y todas las fuerzas militares deben cooperar.

Cuando los generales son débiles y carecen de autoridad, cuando las órdenes no son claras, cuando oficiales y soldados no tienen solidez y las formaciones son anárquicas, se produce revuelta.

Los generales que son derrotados son aquellos que son incapaces de calibrar a los adversarios, entran en combate con fuerzas superiores en número o mejor equipadas, y no seleccionan a sus tropas según los niveles de preparación de las mismas.

Si empleas soldados sin seleccionar a los preparados de los no preparados, a los arrojados y a los timoratos, te estás buscando tu propia derrota.

Estas son las seis maneras de ser derrotado. La comprensión de estas situaciones es la responsabilidad suprema de los generales y deben ser consideradas.

La primera es no calibrar el número de fuerzas; la segunda, la ausencia de un sistema claro de recompensas y castigos; la tercera, la insuficiencia de entrenamiento; la cuarta es la pasión irracional; la quinta es la ineficacia de la ley del orden; y la sexta es el fallo de no seleccionar a los soldados fuertes y resueltos.

La configuración del terreno puede ser un apoyo para el ejército; para los jefes militares, el curso de la acción adecuada es calibrar al adversario para asegurar la victoria y calcular los riesgos y las distancias. Salen vencedores los que libran batallas conociendo estos elementos; salen derrotados los que luchan ignorándolos.

Por lo tanto, cuando las leyes de la guerra señalan una victoria segura es claramente apropiado entablar batalla, incluso si el gobierno ha dada órdenes de no atacar. Si las leyes de la guerra no indican una victoria segura, es adecuado no entrar en batalla, aunque el gobierno haya dada la orden de atacar. De este modo se avanza sin pretender la gloria, se ordena la retirada sin evitar la responsabilidad, con el único propósito de proteger a la población y en beneficio también del gobierno; así se rinde un servicio valioso a la nación.

Avanzar y retirarse en contra de las órdenes del gobierno no se hace por interés personal, sino para salvaguardar las vidas de la población y en auténtico beneficio del gobierno. Servidores de esta talla son muy útiles para un pueblo.

Mira por tus soldados como miras por un recién nacido; así estarán dispuestos a seguirte hasta los valles más profundos; cuida de tus soldados como cuidas de tus queridos hijos, y morirán gustosamente contigo.

Pero si eres tan amable con ellos que no los puedes utilizar, si eres tan indulgente que no les puedes dar órdenes, tan informal que no puedes disciplinarlos, tus soldados serán como niños mimados y, por lo tanto, inservibles.

Las recompensas no deben utilizarse solas, ni debe confiarse solamente en los castigos. En caso contrario, las tropas, como niños mimosos, se acostumbran a disfrutar o a quedar resentidas por todo. Esto es dañino y los vuelve inservibles.

Si sabes que tus soldados son capaces de atacar, pero ignoras si el enemigo es invulnerable a un ataque, tienes sólo la mitad de posibilidades de ganar. Si sabes que tu enemigo es vulnerable a un ataque, pero ignoras si tus soldados son capaces de atacar, sólo tienes la mitad de posibilidades de ganar. Si sabes que el enemigo es vulnerable a un ataque, y tus soldados pueden llevarlo a cabo, pero ignoras si la condición del terreno es favorable para la batalla, tienes la mitad de probabilidades de vencer.

Por lo tanto, los que conocen las artes marciales no pierden el tiempo cuando efectúan sus movimientos, ni se agotan cuando atacan. Debido a esto se dice que cuando te conoces a ti mismo y conoces a los demás, la victoria no es un peligro; cuando conoces el cielo y la tierra, la victoria es inagotable.

CAPITULO XI

Sobre las nueve clases de terreno

Conforme a las leyes de las operaciones militares, existen nueve clases de terreno.

Si intereses locales luchan entre sí en su propio territorio, a éste se le llama terreno de dispersión.

Cuando los soldados están apegados a su casa y combaten cerca de su hogar, pueden ser dispersados con facilidad.

Cuando penetras en un territorio ajeno, pero no lo haces en profundidad, a éste se le llama territorio ligero.

Esto significa que los soldados pueden regresar fácilmente.

El territorio que puede resultarte ventajoso si lo tomas, y ventajoso al enemigo si es él quien lo conquista, se llama terreno clave.

Un terreno de lucha inevitable es cualquier enclave defensivo o paso estratégico.

Un territorio igualmente accesible para ti y para los demás se llama terreno de comunicación.

El territorio que está rodeado por tres territorios rivales y es el primero en proporcionar libre acceso a él a todo el mundo se llama terreno de intersección.

El terreno de intersección es aquel en el que convergen las principales vías de comunicación uniéndolas entre sí: sé el primero en ocuparlo, y la gente tendrá que ponerse de tu lado. Si lo obtienes, te encuentras seguro; si lo pierdes, corres peligro.

Cuando penetras en profundidad en un territorio ajeno, y dejas detrás muchas ciudades y pueblos, a este terreno se le llama difícil.

Es un terreno del que es difícil regresar.

Cuando atraviesas montañas boscosas, desfiladeros abruptos u otros accidentes difíciles de atravesar, a esto se le llama terreno desfavorable.

Cuando el acceso es estrecho y la salida es tortuosa, de manera que una pequeña unidad enemiga puede atacarte, aunque tus tropas sean más numerosas, a éste se le llama terreno cercado.

Si eres capaz de una gran adaptación, puedes atravesar este territorio.

Si sólo puedes sobrevivir en un territorio luchando con rapidez, y si es fácil morir si no lo haces, a éste se le llama terreno mortal.

Las tropas que se encuentran en un terreno mortal están en la misma situación que si se encontraran en una barca que se hunde o en una casa ardiendo.

Así pues, no combatas en un terreno de dispersión, no te detengas en un terreno ligero, no ataques en un terreno clave (ocupado por el enemigo), no dejes que tus tropas sean divididas en un terreno de comunicación. En terrenos de intersección, establece comunicaciones; en terrenos difíciles, entra aprovisionado; en terrenos desfavorables, continúa marchando; en terrenos cercados, haz planes; en terrenos mortales, lucha.

En un terreno de dispersión, los soldados pueden huir. Un terreno ligero es cuando los soldados han penetrado en territorio enemigo, pero todavía no tienen las espaldas cubiertas: por eso, sus mentes no están realmente concentradas y no están listos para la batalla. No es ventajoso atacar al enemigo en un terreno clave; lo que es ventajoso es llegar el primero a él. No debe permitirse que quede aislado el terreno de comunicación, para poder servirse de las rutas de suministros. En terrenos de intersección, estarás a salvo si estableces alianzas; si las pierdes, te encontrarás en peligro. En terrenos difíciles, entrar aprovisionado significa reunir todo lo necesario para estar allí mucho tiempo. En terrenos desfavorables, ya que no puedes atrincherarte en ello, debes apresurarte a salir. En terrenos cercados, introduce tácticas sorpresivas.

Si las tropas caen en un terreno mortal, todo el mundo luchará de manera espontánea. Por esto se dice: "Sitúa a las tropas en un terreno mortal y sobrevivirán."

Los que eran antes considerados como expertos en el arte de la guerra eran capaces de hacer que el enemigo perdiera contacto entre su vanguardia y su retaguardia, la confianza entre las grandes y las pequeñas unidades, el interés recíproco par el bienestar de los diferentes rangos, el apoyo mutuo entre gobernantes y gobernados, el alistamiento de soldados y la coherencia de sus ejércitos. Estos expertos entraban en acción cuando les era ventajoso, y se retenían en caso contrario.

Introducían cambios para confundir al enemigo, atacándolos aquí y allá, aterrorizándolos y sembrando en ellos la confusión, de tal manera que no les daban tiempo para hacer planes.

Se podría preguntar cómo enfrentarse a fuerzas enemigas numerosas y bien organizadas que se dirigen hacia ti. La respuesta es quitarles en primer lugar algo que aprecien, y después te escucharán.

La rapidez de acción es el factor esencial de la condición de la fuerza militar, aprovechándose de los errores de los adversarios, desplazándose por caminos que no esperan y atacando cuando no están en guardia.

Esto significa que para aprovecharse de la falta de preparación, de visión y de cautela de los adversarios, es necesario actuar con rapidez, y que si dudas, esos errores no te servirán de nada.

En una invasión, por regla general, cuanto más se adentran los invasores en el territorio ajeno, más fuertes se hacen, hasta el punto de que el gobierno nativo no puede ya expulsarlos.

Escoge campos fértiles, y las tropas tendrán suficiente para comer. Cuida de su salud y evita el cansancio, consolida su energía, aumenta su fuerza. Que los movimientos de tus tropas y la preparación de tus planes sean insondables.

Consolida la energía más entusiasta de tus tropas, ahorra las fuerzas sobrantes, mantén en secreto tus formaciones y tus planes, permaneciendo insondable para los enemigos, y espera a que se produzca un punto vulnerable para avanzar.

Sitúa a tus tropas en un punto que no tenga salida, de manera que tengan que morir antes de poder escapar. Porque, ¿ante la posibilidad de la muerte, qué no estarán dispuestas a hacer? Los guerreros dan entonces lo mejor de sus fuerzas. Cuando se hallan ante un grave peligro, pierden el miedo. Cuando no hay ningún sitio a donde ir, permanecen firmes; cuando están totalmente implicados en un terreno, se aferran a él. Si no tienen otra opción, lucharán hasta el final.

Por esta razón, los soldados están vigilantes sin tener que ser estimulados, se alistan sin tener que ser llamados a filas, son amistosos sin necesidad de promesas, y se puede confiar en ellos sin necesidad de órdenes.

Esto significa que cuando los combatientes se encuentran en peligro de muerte, sea cual sea su rango, todos tienen el mismo objetivo, y, por lo tanto, están alerta sin necesidad de ser estimulados, tienen buena voluntad de manera espontánea y sin necesidad de recibir órdenes, y puede confiarse de manera natural en ellos sin promesas ni necesidad de jerarquía.

Prohíbe los augurios para evitar las dudas, y los soldados nunca te abandonarán. Si tus soldados no tienen riquezas, no es porque las desdeñen. Si no tienen más longevidad, no es porque no quieran vivir más tiempo. El día en que se da la orden de marcha, los soldados lloran.

Así pues, una operación militar preparada con pericia debe ser como una serpiente veloz que contraataca con su cola cuando alguien le ataca por la cabeza, contraataca con la cabeza cuando alguien le ataca por la cola y contraataca con cabeza y cola, cuando alguien le ataca por el medio.

Esta imagen representa el método de una línea de batalla que responde velozmente cuando es atacada. Un manual de ocho formaciones clásicas de batalla dice: "Haz del frente la retaguardia, haz de la retaguardia el frente, con cuatro cabezas y ocho colas. Haz que la cabeza esté en todas partes, y cuando el enemigo arremeta por el centro, cabeza y cola acudirán al rescate."

Puede preguntarse la cuestión de si es posible hacer que una fuerza militar sea como una serpiente rápida. La respuesta es afirmativa. Incluso las personas que se tienen antipatía, encontrándose en el mismo barco, se ayudarán entre sí en caso de peligro de zozobrar.

Es la fuerza de la situación la que hace que esto suceda.

Por esto, no basta con depositar la confianza en caballos atados y ruedas fijadas.

Se atan los caballos para formar una línea de combate estable, y se fijan las ruedas para hacer que los carros no se puedan mover. Pero aun así, esto no es suficientemente seguro ni se puede confiar en ello. Es necesario permitir que haya variantes a los cambios que se hacen, poniendo a los soldados en situaciones mortales, de manera que combatan de forma espontánea y se ayuden unos a otros codo con codo: éste es el camino de la seguridad y de la obtención de una victoria cierta.

La mejor organización es hacer que se exprese el valor y mantenerlo constante. Tener éxito tanto con tropas débiles como con tropas aguerridas se basa en la configuración de las circunstancias.

Si obtienes la ventaja del terreno, puedes vencer a los adversarios, incluso con tropas ligeras y débiles; ¿cuánto más te sería posible si tienes tropas poderosas y aguerridas? Lo que hace posible la victoria a ambas clases de tropas es las circunstancias del terreno.

Por lo tanto, los expertos en operaciones militares logran la cooperación de la tropa, de tal manera que dirigir un grupo es como dirigir a un solo individuo que no tiene más que una sola opción.

Corresponde al general ser tranquilo, reservado, justo y metódico.

Sus planes son tranquilos y absolutamente secretos para que nadie pueda descubrirlos. Su mando es justo y metódico, así que nadie se atreve a tomarlo a la ligera.

Puede mantener a sus soldados sin información y en completa ignorancia de sus planes.

Cambia sus acciones y revisa sus planes, de manera que nadie pueda reconocerlos. Cambia de lugar su emplazamiento y se desplaza por caminos sinuosos, de manera que nadie pueda anticiparse.

Puedes ganar cuando nadie puede entender en ningún momento cuáles son tus intenciones.

Dice un Gran Hombre: "El principal engaño que se valora en las operaciones militares no se dirige sólo a los enemigos, sino que empieza por las propias tropas, para hacer que le sigan a uno sin saber adónde van." Cuando un general fija una meta a sus tropas, es como el que sube a un lugar elevado y después retira la escalera. Cuando un general se adentra muy en el interior del territorio enemigo, está poniendo a prueba todo su potencial.

Ha hecho quemar las naves a sus tropas y destruir sus casas; así las conduce como un rebaño y todos ignoran hacia dónde se encaminan.

Incumbe a los generales reunir a los ejércitos y ponerlos en situaciones peligrosas. También han de examinar las adaptaciones a los diferentes terrenos, las ventajas de concentrarse o dispersarse, y las pautas de los sentimientos y situaciones humanas.

Cuando se habla de ventajas y de desventajas de la concentración y de la dispersión, quiere decir que las pautas de los comportamientos humanos cambian según los diferentes tipos de terreno.

En general, la pauta general de los invasores es unirse cuando están en el corazón del territorio enemigo, pero tienden a dispersarse cuando están en las franjas fronterizas. Cuando dejas tu territorio y atraviesas la frontera en una operación militar, te hayas en un terreno aislado.

Cuando es accesible desde todos los puntos, es un terreno de comunicación.

Cuando te adentras en profundidad, estás en un terreno difícil. Cuando penetras poco, estás en un terreno ligero.

Cuando a tus espaldas se hallen espesuras infranqueables y delante pasajes estrechos, estás en un terreno cercado.

Cuando no haya ningún sitio a donde ir, se trata de un terreno mortal.

Así pues, en un terreno de dispersión, yo unificaría las mentes de los soldados. En un terreno ligero, las mantendría en contacto. En un terreno clave, les haría apresurarse para tomarlo. En un terreno de intersección, prestaría atención a la defensa. En un terreno de comunicación, establecería sólidas alianzas. En un terreno difícil, aseguraría suministros continuados. En un terreno desfavorable, urgiría a mis tropas a salir rápidamente de él. En un terreno cercado, cerraría las entradas. En un terreno mortal, indicaría a mis tropas que no existe ninguna posibilidad de sobrevivir.

Por esto, la psicología de los soldados consiste en resistir cuando se ven rodeados, luchar cuando no se puede evitar, y obedecer en casos extremos.

Hasta que los soldados no se ven rodeados, no tienen la determinación de resistir al enemigo hasta alcanzar la victoria. Cuando están desesperados, presentan una defensa unificada.

Por ello, los que ignoran los planes enemigos no pueden preparar alianzas.

Los que ignoran las circunstancias del terreno no pueden hacer maniobrar a sus fuerzas. Los que no utilizan guías locales no pueden aprovecharse del terreno. Los militares de un gobierno eficaz deben conocer todos estos factores.

Cuando el ejército de un gobierno eficaz ataca a un gran territorio, el pueblo no se puede unir. Cuando su poder sobrepasa a los adversarios, es imposible hacer alianzas.

Si puedes averiguar los planes de tus adversarios, aprovéchate del terreno y haz maniobrar al enemigo de manera que se encuentre indefenso; en este caso, ni siquiera un gran territorio puede reunir suficientes tropas para detenerte.

Por lo tanto, si no luchas por obtener alianzas, ni aumentas el poder de ningún país, pero extiendes tu influencia personal amenazando a los adversarios, todo ello hace que el país y las ciudades enemigas sean vulnerables.

Otorga recompensas que no estén reguladas y da órdenes desacostumbradas.

Considera la ventaja de otorgar recompensas que no tengan precedentes, observa cómo el enemigo hace promesas sin tener en cuenta los códigos establecidos.

Maneja las tropas como si fueran una sola persona. Empléalas en tareas reales, pero no les hables. Motívalas con recompensas, pero no les comentes los perjuicios posibles.

Emplea a tus soldados sólo en combatir, sin comunicarles tu estrategia. Déjales conocer los beneficios que les esperan, pero no les hables de los daños potenciales. Si la verdad se filtra, tu estrategia puede hundirse. Si los soldados empiezan a preocuparse, se volverán vacilantes y temerosos.

Colócalos en una situación de posible exterminio, y entonces lucharán para vivir. Ponles en peligro de muerte, y entonces sobrevivirán. Cuando las tropas afrontan peligros, son capaces de luchar para obtener la victoria.

Así pues, la tarea de una operación militar es fingir acomodarse a las intenciones del enemigo. Si te concentras totalmente en éste, puedes matar a su general aunque estés a kilómetros de distancia. A esto se llama cumplir el objetivo con pericia.

Al principio te acomodas a sus intenciones, después matas a sus generales: ésta es la pericia en el cumplimiento del objetivo.

Así, el día en que se declara la guerra, se cierran las fronteras, se rompen los salvoconductos y se impide el paso de emisarios.

Los asuntos se deciden rigurosamente desde que se comienza a planificar y establecer la estrategia desde la casa o cuartel general.

El rigor en los cuarteles generales en la fase de planificación se refiere al mantenimiento del secreto.

Cuando el enemigo ofrece oportunidades, aprovéchalas inmediatamente.

Entérate primero de lo que pretende, y después anticípate a él. Mantén la disciplina y adáptate al enemigo, para determinar el resultado de la guerra. Así, al principio eres como
una doncella y el enemigo abre sus puertas; entonces, tú eres como una liebre suelta, y el enemigo no podrá expulsarte.

CAPITULO XII

Sobre el arte de atacar por el fuego

Existen cinco clases de ataques mediante el fuego: quemar a las personas, quemar los suministros, quemar el equipo, quemar los almacenes y quemar las armas.

El uso del fuego tiene que tener una base, y exige ciertos medios. Existen momentos adecuados para encender fuegos, concretamente cuando el tiempo es seco y ventoso.

Normalmente, en ataques mediante el fuego es imprescindible seguir los cambios producidos por éste. Cuando el fuego está dentro del campamento enemigo, prepárate rápidamente desde fuera. Si los soldados se mantienen en calma cuando el fuego se ha declarado, espera y no ataques. Cuando el fuego alcance su punto álgido, síguelo, si puedes; si no, espera.

En general, el fuego se utiliza para sembrar la confusión en el enemigo y así poder atacarle.

Cuando el fuego puede ser prendido en campo abierto, no esperes a hacerlo en su interior; hazlo cuando sea oportuno.

Cuando el fuego sea atizado par el viento, no ataques en dirección contraria a éste.

No es eficaz luchar contra el ímpetu del fuego, porque el enemigo luchará en este caso hasta la muerte.

Si ha soplado el viento durante el día, a la noche amainará.

Un viento diurno cesará al anochecer; un viento nocturno cesará al amanecer.

Los ejércitos han de saber que existen variantes de las cinco clases de ataques mediante el fuego, y adaptarse a éstas de manera racional.

No basta saber cómo atacar a los demás con el fuego, es necesario saber cómo impedir que los demás te ataquen a ti.

Así pues, la utilización del fuego para apoyar un ataque significa claridad, y la utilización del agua para apoyar un ataque significa fuerza. El agua puede incomunicar, pero no puede arrasar.

El agua puede utilizarse para dividir a un ejército enemigo, de manera que su fuerza se desuna y la tuya se fortalezca.

Ganar combatiendo o llevar a cabo un asedio victorioso sin recompensar a los que han hecho méritos trae mala fortuna y se hace merecedor de ser llamado avaro. Por eso se dice que un gobierno esclarecido lo tiene en cuenta y que un buen mando militar recompensa el mérito. No moviliza a sus tropas cuando no hay ventajas que obtener, ni actúa cuando no hay nada que ganar, ni luchan cuando no existe peligro.

Las armas son instrumentos de mal augurio, y la guerra es un asunto peligroso. Es indispensable impedir una derrota desastrosa, y por lo tanto, no vale la pena movilizar un ejército por razones insignificantes: Las armas sólo deben utilizarse cuando no existe otro remedio.

Un gobierno no debe movilizar un ejército por ira, y los jefes militares no deben provocar la guerra por cólera.

Actúa cuando sea beneficioso; en caso contrario, desiste. La ira puede convertirse en alegría, y la cólera puede convertirse en placer, pero un pueblo destruido no puede hacérsele renacer, y la muerte no puede convertirse en vida. En consecuencia, un gobierno esclarecido presta atención a todo esto, y un buen mando militar lo tiene en cuenta. Ésta es la manera de mantener a la nación a salvo y de conservar intacto a su ejército.

CAPITULO XIII

Sobre la concordia y la discordia

Una Operación militar significa un gran esfuerzo para el pueblo, y la guerra puede durar muchos años para obtener una victoria de un día. Así pues, fallar en conocer la situación de los adversarios por economizar en aprobar gastos para investigar y estudiar a la oposición es extremadamente inhumano, y no es típico de un buen jefe militar, de un consejero de gobierno, ni de un gobernante victorioso. Por lo tanto, lo que posibilita a un gobierno inteligente y a un mando militar sabio vencer a los demás y lograr triunfos extraordinarios con esa información esencial.

La información previa no puede obtenerse de fantasmas ni espíritus, ni se puede tener por analogía, ni descubrir mediante cálculos. Debe obtenerse de personas; personas que conozcan la situación del adversario.

Existen cinco clases de espías: el espía nativo, el espía interno, el doble agente, el espía liquidable, y el espía flotante. Cuando están activos todos ellos, nadie conoce sus rutas: a esto se le llama genio organizativo, y se aplica al gobernante.

Los espías nativos se contratan entre los habitantes de una localidad. Los espías internos se contratan entre los funcionarios enemigos. Los agentes dobles se contratan entre los espías enemigos. Los espías liquidables transmiten falsos datos a los espías enemigos. Los espías flotantes vuelven para traer sus informes.

Entre los funcionarios del régimen enemigo, se hallan aquéllos con los que se puede establecer contacto y a los que se puede sobornar para averiguar la situación de su país y descubrir cualquier plan que se trame contra ti, también pueden ser utilizados para crear desavenencias y desarmonía.

En consecuencia, nadie en las fuerzas armadas es tratado con tanta familiaridad como los espías, ni a nadie se le otorgan recompensas tan grandes como a ellos, ni hay asunto más secreto que el espionaje.

Si no se trata bien a los espías, pueden convertirse en renegados y trabajar para el enemigo.

No se pueden utilizar a los espías sin sagacidad y conocimiento; no puede uno servirse de espías sin humanidad y justicia, no se puede obtener la verdad de los espías sin sutileza. Ciertamente, es un asunto muy delicado. Los espías son útiles en todas partes.

Cada asunto requiere un conocimiento previo.

Si algún asunto de espionaje es divulgado antes de que el espía haya informado, éste y el que lo haya divulgado deben eliminarse.

Siempre que quieras atacar a un ejército, asediar una ciudad o atacar a una persona, has de conocer previamente la identidad de los generales que la defienden, de sus aliados, sus visitantes, sus centinelas y de sus criados; así pues, haz que tus espías averigüen todo sobre ellos.

Siempre que vayas a atacar y a combatir, debes conocer primero los talentos de los servidores del enemigo, y así puedes enfrentarte a ellos según sus capacidades.

Debes buscar a agentes enemigos que hayan venido a espiarte, sobornarlos e inducirlos a pasarse a tu lado, para poder utilizarlos como agentes dobles. Con la información obtenida de esta manera, puedes encontrar espías nativos y espías internos para contratarlos. Con la información obtenida de éstos, puedes fabricar información falsa sirviéndote de espías liquidables. Con la información así obtenida, puedes hacer que los espías flotantes actúen según los planes previstos.

Es esencial para un gobernante conocer las cinco clases de espionaje, y este conocimiento depende de los agentes dobles; así pues, éstos deben ser bien tratados.

Así, sólo un gobernante brillante o un general sabio que pueda utilizar a los más inteligentes para el espionaje, puede estar seguro de la victoria. El espionaje es esencial para las operaciones militares, y los ejércitos dependen de él para llevar a cabo sus acciones.

No será ventajoso para el ejército actuar sin conocer la situación del enemigo, y conocer la situación del enemigo no es posible sin el espionaje.

FIN

www.ingramcontent.com/pod-product-compliance
Lightning Source LLC
Chambersburg PA
CBHW021418210526
45463CB00001B/432